Vorwort

„Glück ist das Einzige, was sich verdoppelt, wenn man es teilt." Wer hatte diesen schönen Klassiker nicht im Poesiealbum stehen. Gerne auch liebevoll mit dem berühmten „Feuerherzen" aus rotem Buntstift umrandet. Und doch stimmt diese kleine Weisheit, denn Glück genießt man am besten mit anderen lieben Menschen zusammen. Wie zum Beispiel in Köln. Eine der schönsten Städte in Deutschland, die aber oft in einem Atemzug mit den sogenannten Bausünden erwähnt wird. Das ist ein bisschen unfair, denn Köln macht einfach rundherum glücklich. Und man sagt ja gerne, dass wahre Schönheit von innen kommt. In der Domstadt sind das die Bewohnerinnen und Bewohner, deren Herz sofort höher schlägt, wenn der Dom in Sichtweite ist. Die voller Vorfreude sind, sobald in der Dunkelheit das leuchtende Bayer-Schild zu sehen ist und wenig später die Umrisse vom Stadion. Köln ist Heimat und wer neu in die Stadt kommt, gehört ganz bald dazu. Die Kölner machen es einem leicht. Auch, wenn man es nicht so mit dem Karneval hat. Denn jede Jeck is anders. Und Kölsch kann man wirklich lernen und dabei ganz viel Spaß haben.

Köln ist immer in Bewegung und so ist auch dieses Buch entstanden. In der KVB in der Linie 7 (mehrfach habe ich vergessen auszusteigen), am Aachener Weiher bei Sonnenschein oder auf den Treppen am Dom mit einem fröhlichen Stimmengewirr drum herum. Kaum ein Text wurde am Schreibtisch verfasst, sondern meist auf den Knien in ein Tablet mit Klapp-Tastatur getippt. Früher wäre es eine Reiseschreibmaschine gewesen.

Diese 80 Glücksorte nehmen Sie mit in die Ferien am Rhein (links und rechts davon). Ob als Besucher oder Einheimischer. Wir lernen dabei diese glückliche Metropole vielleicht von ganz neuen Seiten kennen. Um festzustellen, dass das Glück gerade dann um die Ecke kommt, wenn man es nicht erwartet. Das ist wie in der Liebe. Man darf also bei dieser Entdeckungstour ruhig etwas aufgeregt sein. Doch echte Kölner Urgesteine wissen: „Et hätt noch immer jot jejange".

Ihre Melanie Brozeit

Inhaltsverzeichnis

Inhaltsverzeichnis

Sie haben Ihr Ziel erreicht

1 *Der Dom ist immer in der Nähe*

Nicht nur gebürtige Kölner halten immer und überall Ausschau nach dem Dom. Das ist in der Domstadt so etwas wie eine Sportart geworden. Die Glücksdisziplin. Schließlich möchte man das berühmteste Bauwerk nicht nur im Herzen tragen, sondern ihm möglichst nah sein. Die Dombaumeister haben die Kathedrale sicher nicht ohne Grund auf einer Anhöhe errichtet – für die perfekte Sicht, gestern wie heute. Nicht jeder hat so etwas Schönes in der Stadt. Den Titel „Bester Domblick auf einer Autobahn" bekommt die A4 verliehen. Dazu muss man aus Düren kommen. Wie aus dem Nichts erscheinen plötzlich die mächtigen Türme vor unserer Windschutzscheibe. Autofahrer mit schlechter Orientierung atmen nun spürbar auf, jetzt immer direkt auf den Dom zufahren, dann ist man bald zu Hause. Zumindest stimmt schon mal die Richtung. Die Erbauer im Mittelalter haben wohl insgeheim an uns Autofahrer gedacht. Der Dom ist nämlich ein Wegweiser, der immer funktioniert. Wie zum Beispiel auf der östlichen Zubringerstraße in Richtung Messe (Deutz). Da muss man sich beim Einfädeln ganz schön konzentrieren und kann diesem prachtvollen Dom-Blick dennoch nicht ausweichen. Bis auf die andere Rheinseite bleibt er treu und beschützend an unserer Seite. Die Messlatte für den heiligen Christophorus liegt also hoch. Auch in Frechen sieht man den heiligen Ort perfekt, zum Beispiel aus dem Obergeschoss eines Reihenhauses, wäre da nicht das Dach vom Nachbarn davor. Aber man weiß, „er ist da". Der Kölner Dom ist sogar in Lohmar zu sehen, und das ist rund 48 Kilometer entfernt. Dieses Gotteshaus liebt es eben zu überraschen, auch bei der Fahrt mit öffentlichen Verkehrsmitteln: Wenn man zum Beispiel mit der Linie 7 über die Deutzer Brücke in Richtung Heumarkt rattert. Man sitzt extra rechts am Fenster und schaut voller Ehrfurcht auf das Rheinpanorama hinunter. Und dann, nur ein winziger Augenblick, und der Dom ist verschwunden. Aber er wäre kein echter Glücksort, wenn er nicht an der nächsten Ecke schon wieder mit offenen Armen warten würde.

TIPP

Der Ausblick von der A4 ist auf Höhe „Rasthof Frechen" am besten.

ÖPNV: Stadtbahn 7 zwischen Frechen und Zündorf in beide Richtungen

Absolut freie Aussicht

2 *Die Kranhäuser*

Wir Kölner haben sie richtig ins Herz geschlossen. Sie werden täglich bewundert und bestaunt. Vom Lande, zu Wasser und aus der Luft. Die Kranhäuser am Rheinauhafen lösen Glücksgefühle aus. Weil sie einfach ein perfektes und zugleich lebendiges Kunstwerk sind. Sie stehen stolz und prächtig da wie der Loreley-Felsen. Sie sind so etwas wie eine beschützende Stadtmauer am Rhein geworden. Man fragt sich höchstens mal, wie die Obergeschosse im „L“ halten und ob da nicht die Decken durchbrechen können, wenn der Nachbar zu schwere Möbel hat. Diese weltweit einzigartigen Gebäude haben das Rheinpanorama noch schöner gemacht. Von den Poller Wiesen aus betrachtet erscheinen sie wie friedliche Riesen, die in der Domstadt eine Heimat gefunden haben. Auch die Berufsschiffer freuen sich über jede Vorbeifahrt an den Kranhäusern. Sie wissen, dann sind es oft nur noch wenige Stunden bis zum Heimathafen. Und irgendwann ist sicher auch mal Muße für einen Landgang im Rheinauhafen. Das ist ein bisschen wie eine Zeitreise am Wasser entlang. Eine Hafengegend, die viele Jahrhunderte und Windböen überstanden hat und nun im neuen und wundervollen Glanz erstrahlt. Hochmoderne Gebäude stehen Tür an Tür mit historischen Backsteinbauten. Und wenn sich die Mittagssonne auf der Fassade der Kranhäuser spiegelt, dann kann das schon mal leuchten wie pures Gold. Nicht umsonst ziehen die drei Giganten (Kranhaus 1, Kranhaus Süd, Kranhaus Nord) die Besucher magisch an. Man möchte ja auch zu gerne wissen, wie es in den Luxusbauten aussieht. Schließlich wird in der Presse immer davon berichtet, dass Lukas Podolski sich nicht von seiner Wohnung trennen möchte. Weil die Aussicht einfach ein Traum ist. Deshalb finden hier auch regelmäßig Dreharbeiten fürs Fernsehen statt. Und wer nach dem aufregenden Besuch im Hafen immer noch nicht müde ist, kann sich einer besonderen und sportlichen Herausforderung stellen. Einfach von einem Ende der Tiefgarage bis zum nächsten laufen und dabei die Zeit und die Kilometer stoppen.

Kranhäuser im Rheinauhafen, Im Zollhafen, 50678 Köln
ÖPNV: Stadtbahn 15, 16, Bus 133, 142, Haltestelle Ubierring

Alles unter einem Deckel

3 *Der Autobahntunnel in Lövenich*

Das war und ist ja so eine Sache mit dem überdachten Autobahntunnel am Kreuz Köln-West in Lövenich. Die Konstruktion wird ja gerne auch „Der Deckel“ genannt. Geplant war das Ganze schon seit Jahrzehnten, um die Anwohner vor dem Lärm der immer stärker befahrenen A1 zu schützen, der oft noch sehr, sehr weit zu hören war. Ruhig wurde es nur, wenn zum Beispiel ein WM-Endspiel stattfand. Für die Nachbarn in Lövenich, Junkersdorf, Widdersdorf und Umgebung sollte man sich eigentlich freuen. Denn es muss wirklich ein Glück sein, nach vielen mühsamen Jahren Bauzeit von dieser lärmenden Last erlöst worden zu sein. Viele waren von den kilometerlangen Staus betroffen, und wir freuen uns jetzt einfach, dass dieser Brennpunkt nicht mehr automatisch die Verkehrsnachrichten anführt. Auf dem morgendlichen Weg zur Arbeit empfindet man dies oft als ganz persönliches Glück. Der Tunnel selbst ist, bei freier Fahrt, eine imposante Angelegenheit. Mit seinen vielen grünen und blinkenden Lichtern könnte er problemlos als Kulisse für einen Science-Fiction-Film dienen. Oft sind unterm Dach ein paar der Fenster geöffnet, und man fragt sich unwillkürlich, wer das eigentlich macht. Gibt es hier so etwas wie einen Fensterputzer? Der überdachte Tunnel vermittelt auf jeden Fall so richtig den Eindruck von Großstadt, obwohl man die Gegend um Lövenich ja schon als stadtauswärts bezeichnet. Wie ungerecht! Wenn wir störungsfrei durch den Tunnel gleiten, dann macht das jeden Autofahrer glücklich. Und doch gibt es negative Stimmen, die sagen, die Überdachung habe gar nichts gebracht und der Lärm sei jetzt schlimmer als vorher. Das macht einen irgendwie traurig, denn wir wissen ja, dass alle Beteiligten in guter Absicht gehandelt haben. Und so nehmen wir uns vor, vielleicht öfter mal auf Bus und Bahn umzusteigen. Da gibt es doch diesen bewährten Spruch für das Poesiealbum: „Glück ist das Einzige, das sich verdoppelt, wenn man es teilt“. Und nicht vergessen: Denen in Leverkusen mit der kaputten Brücke geht es noch viel, viel schlechter.

Aachener Straße, 50858 Köln
ÖPNV: Stadtbahn 1, Haltestelle Bahnstraße

Euskirchen
Koblenz Frechen
1
Olpe Köln-Süd
Aachen
4
Aachen
4

Kunterbuntes Backwerk

4 *Die Patisserie „TörtchenTörtchen"*

Klar können wir recht ordentlich backen, und unsere Fähigkeiten gehen sicher über das Zusammenmixen einer einfachen Backmischung hinaus. Auch haben wir gute Freundinnen, die ganze Landschaften, Sommerwiesen oder eine Truppe von Halloween-Geistern en miniature in Form von leckerem Gebäck gestalten, aus Marzipan und in vollendeter Detailarbeit kunstvoll modelliert. Spätestens da geben wir uns geschlagen. Umso schöner, dass auch die zuckersüße Patisserie „TörtchenTörtchen" für uns bäckt. Und das vollbringen die Meister der handgemachten Kreationen gleich doppelt, nämlich in Nippes und in der Innenstadt. Ein Besuch lohnt sich praktisch immer. In den gemütlichen Räumen gibt es Gebäck wie in Paris (wenn nicht sogar besser) und köstliche Tartes. Hier werden alle Träume für den süßen Gaumen wahr. Wie ein Kind staunen wir, welch essbare Wunderwerke aus möglichst ökologischen Zutaten der Region überhaupt existieren: erlesene Törtchen, kunterbunte Macarons, Petit Fours, alle liebevoll von Hand hergestellt. Man kann auch sagen, wir naschen hier vollendete Kunst. Eigentlich gibt es diese Art von Köstlichkeiten nur in Frankreich oder Belgien – was haben wir also in Köln für ein Glück. Herrlich duftende Tees und Kakao werden gereicht. Alles gibt es auch zum Mitnehmen. Wir sitzen jetzt wie in einem wärmenden Glücks-Kokon und sind kurz davor, auch die knallbunten und tollen Möbel im Lokal anzuknabbern. Es ist sicher kein Zufall, dass die Einrichtung perfekt mit den Farben der Törtchen harmoniert. Mint, pink, türkis, lindgrün. Alles erinnert ein bisschen an die Villa Kunterbunt. Hier haben sich die Damen und Herren der Törtchen so richtig viele Gedanken gemacht, damit die Gäste es gut haben. Im Jahr 2005 wurde der Betrieb in einer winzigen Backstube begonnen – mit historischen Möbeln aus einer alten Bäckerei. Inzwischen kann das Ladenlokal sogar als Event-Location gebucht werden, Catering inklusive. Und Törtchen kann man auch wunderbar am Abend naschen, eigentlich rund um die Uhr.

TIPP

Kurse sind online buchbar (Weihnachtsbäckerei, Tartelettes- odor Pralinenkurs).

TörtchenTörtchen, Apostelnstraße 19, 50667 Köln oder Neusser Straße 325, 50733 Köln
www.toertchentoertchen.de

ÖPNV: Stadtbahn 1, 3, 7, 9, 16, 18, Bus 136, 146, Haltestelle Neumarkt oder Stadtbahn 12, 15, Haltestelle Florastraße

Vater Rhein und die Seefahrt

5 *Die Schifffahrtschule im Rheinauhafen*

Fast jeder kennt einen, der wiederum einen kennt, der ein Boot hat. Oder davon träumt, bei strahlendem Sonnenschein von einem Glücksort zum nächsten zu schippern. Und so starten wir im altehrwürdigen Rheinauhafen die Ausbildung für unseren Sportbootführerschein, ganz unromantisch abgekürzt mit SBF Binnen. Zuerst die Theorie. Die Knotenkunde ist ganz schön kniffelig. Aber wir wissen bald, dass Steuerbord rechts ist und Backbord links. Die reizende Ausbilderin meinte, auf dem Schiff ihrer Eltern war der Backofen links, das sei ihre Eselsbrücke gewesen. Bis wir auf einem Schiff etwas backen, wird indes noch viel Wasser fließen. Vater Rhein spricht uns regelmäßig Mut zu, denn in seinem Wohnzimmer, dem Rheinauhafen, wird geübt: An- und Ableger oder Mann über Bord-Manöver. Unser sehr besonnener Lehrer verliert niemals die Geduld. Und er hat keine Pedale, mit denen er mal kurz beim Bremsen aushelfen könnte. Bremsen heißt hier Aufstoppen. Theorie-Fragen wie „Welche Lichter führt ein Schubverband?“ fordern uns heraus. Aber das Rheinische Grundgesetz verspricht ja: „Et hätt noch emmer joot jejange.“ Respekt vor dem Ganzen braucht man schon, denn quasi Tür an Tür sind die großen Pötte unterwegs: Tanker, Binnen- und Containerschiffe, Kreuzfahrer. Aber noch befinden wir uns im sicheren Hafen und erarbeiten uns eine völlig neue Welt. Und sind dabei richtig glücklich! Wir lernen wieder zu lernen. Das ist besser als Sudoku. Zu Hause haben wir schon mal heimlich mit einem Teller als Steuerrad geübt. Die Lenkung auf einem Schiff muss man erst mal verstehen. Am Ende werden wir belohnt und halten stolz unseren Sportbootführerschein Binnen in den Händen, ein richtig amtliches Dokument. Bei Verstößen auf dem Wasser kann einem sogar der Autoführerschein abgenommen werden, und zwar von der „Waschpo“. Als frischgebackene Seeleute wissen wir, das ist die Abkürzung für Wasserschutzpolizei. Aber hier im Rheinauhafen gibt es nur Musterschüler. Und daher überlegen einige gerade, ob „Rheinschifffahrtsordnung“ tatsächlich mit drei F geschrieben wird.

TIPP

Kurs im Winter starten. So hat man den Führerschein rechtzeitig und ein schönes Ziel für den Sommer.

Schifffahrtschule in der Köln-Marina KG – Rheinauhafen, Bayenstraße 28 a, 50678 Köln
www.schifffahrtschule.de

ÖPNV: Bus 133, Haltestelle Schokoladenmuseum

Saphir

Die Brooklyn Bridge in Köln

6 *Besuch an der Mülheimer Brücke*

Wer zur Mülheimer Brücke möchte, startet am besten „beim RTL“ am Picassoplatz. Dort biegt man in den Auenweg hinterm Deutzer Bahnhof ein. Dann an der Kölner Messe vorbei und immer am Rhein entlang. Hier stehen ziemlich beeindruckende Backsteinbauten, die einem noch nie so richtig aufgefallen sind. Was für eine schöne Überraschung. Klingt alles nach einem ziemlichen Umweg? Stimmt, aber so sind Glücksortreisende. Wir nehmen gerne die Alternativ-Route. Und besuchen neugierig und quasi nebenbei ein paar „waschechte“ Sehenswürdigkeiten, solche, die kein Sightseeing-Bus anfährt, wie zum Beispiel den Mülheimer Hafen: Herrlich unaufgeräumt und mit lebendig rostigem Gesicht. Weiter vorbei an alten Industriehallen und geschlossenen Werken. Alles Orte, die für die Domstadt mal ganz wichtig waren. Viele haben ihr Gewand gewechselt, wechseln müssen. Wie die Mülheimer Brücke – eine Hängebrücke, erbaut 1951 und 315 Meter lang. Sie hat ganz schön was auf dem prächtigen Buckel. Die Bevölkerung nennt sie auch die Nachkriegsbrücke oder die Mülheimer Schiffsbrücke. Sie wurde im sogenannten Brückengrün gestrichen oder, glücklicher ausgedrückt, in der Farbe der Hoffnung. Man sieht die Mülheimer Brücke in Köln von sehr vielen Orten und Ufern aus. Aber den Blick, der einen förmlich umhaut, gibt es nur von hier: Wenn die Deutz-Mülheimer Straße in die Mülheimer Freiheit übergeht. Von hier aus schaut man richtig zur Brücke hoch: „Was sind Sie schön, Verehrteste“. Eine fantastische Perspektive, die man auf Fotos so gut wie nie sieht, nur noch zu übertreffen durch den Blick bei Nacht. Dann sehen die New Yorker Brooklyn Bridge und die gute alte Mülheimer Brücke aus wie Schwestern. Da muss man abends einfach mal hin. Und in diesem Moment möchte man nirgendwo anders als in Köln sein. Man lauscht verliebt dem gleichmäßigen Rauschen der Autos auf der Brücke, und mit den Geräuschen der Berufsschifffahrt vermischen sie sich zu einem sinnlichen, beruhigenden Mix. Das alles wünschen wir uns in der Endlosschleife.

TIPP Mit einem Picknickkorb zum Sonnenuntergang hierhin kommen.

ÖPNV: Stadtbahn 4, 13, 18, Bus 151, 152, 153, Haltestelle Mülheim Wiener Platz

Mehr als der schönste Tag

7 *Cecile Braut- und Abendmoden*

Man sagt ja immer, dass Glück und Unglück ganz nah beieinander liegen. Und im Falle der Suche nach einem Brautkleid oder der perfekten Abendgarderobe stimmt dies tatsächlich. Wie oft sind wir schon durch unzählige Geschäfte gelaufen. Nichts passte oder gefiel so richtig. Und dabei tickte die innere Uhr und sagte, dass wir bis zum Termin X das wunderschönste Kleid brauchen. Wir fühlten uns dabei wie das traurige Aschenputtel noch ohne die gläsernen Schuhe. Bei „Cecile Brautmoden" am Neumarkt und im dazugehörigen Hochzeitszentrum in Kerpen hat man aus dem Thema Hochzeit ein richtiges Handwerk gemacht. Das ist wie mit dem Schuster und den berühmten Leisten. Hier wird jede Frau verstanden. Die extrem gut geschulten und sensiblen Hochzeitsberaterinnen können bis auf das Komma Maße und Kleidergröße der Kundin benennen, ohne vorher gemessen zu haben. Man ist ehrlich zueinander, das erspart viel Zeit und sicher auch Kummer. In diesem Hochzeitsgeschäft gibt es – zusammen mit der zweiten Filiale in Kerpen – die größte Auswahl an Brautkleidern in Europa. Man hört sogar von echten Prinzessinnen, die hier schon eingekauft haben und extra angereist sind.

Dies ist nicht irgendein Glücksort, sondern der ganz wichtige fürs Leben. Hier gibt es Kleider für die Hochzeit und für Abendveranstaltungen. Hochzeitsmode für Schwangere, Plus-Size-Garderobe, Vintage-Modelle oder auf Wunsch auch einen schicken Hosenanzug. Eine Beratung für Ringe oder die Feier wird ebenfalls gerne gegeben. Der Kauf des Traumkleides verläuft in verschiedenen Etappen, schließlich soll alles ganz genau passen. Dazu gibt es immer einen persönlichen Termin, was bedeutet, dass sich beide Seiten gut vorbereiten müssen. Eine Hochzeit plant man schließlich nicht so nebenbei. Mutter oder Freundin können gerne zu Kauf und Anprobe mitgebracht werden. Es ist nur wichtig, sich um eine Sache selbst zu kümmern: nämlich die Wahl des Ehemanns. Obwohl man bei „Cecile" da sicher auch den einen oder anderen Tipp hätte.

DE LUXE by CECILE, Köln Hochzeitszentrum, Neumarktpassage, Neumarkt 18, 50667 Köln
www.cecile.de/koeln

ÖPNV: Stadtbahn 1, 3, 4, 7, 9, 16, 18, Bus 136, 146, Haltestelle Neumarkt

Ein Kaiser und die Kanalisation

8 *Der Kronleuchtersaal am Ebertplatz*

Findet man am Theodor-Heuss-Ring den ultimativen Glücksmoment? Geht das überhaupt? Wir reden von unmittelbarer Nähe zum Ebertplatz – in östlicher Richtung. Da, wo es so richtig schön laut ist und wohl jeder Kölner schon mal geflucht hat, egal ob mit Auto, Rad oder zu Fuß. Doch sieben Meter in der Tiefe sieht die Kölner Welt gleich anders aus. Dazu steigen wir bei der Führung eine unscheinbare Treppe hinab. Die Tür dazu hätten wir selbst nie gefunden. Ab hier riecht es völlig anders, wie es eben in einer Kanalisation riecht, denn in der befinden wir uns jetzt. Die braune, rauschende Brühe ist schließlich kein Kölnisch Wasser, sondern alles, was aus den heimischen Haushalten hierher gespült wird. Direkt nebenan werden die Abwässer der Kölner Innenstadt zusammengeführt. Und zwar nicht nachlässig oder lieblos, sondern unter der anmutigen Obhut funkelnder Kronleuchter, die stilvoll von der Decke baumeln. Im sogenannten „Kronleuchtersaal" sind sie das Prunkstück in dieser Schwemmkanalisation. Zur Einweihung des 4,60 Meter hohen Raumes schickte man 1890 eine persönliche Einladung an Kaiser Wilhelm II. und montierte die Lüster an Decken und Wänden. Natürlich um dem Monarchen zu huldigen – oder wollte man vom strengen Geruch ablenken? Wilhelm II. konnte seinen Besuch am Rhein leider nicht einrichten, schickte aber die allerbesten Wünsche. Es scheint unklar, ob er letztlich die Beleuchtung spendierte oder die Stadtkasse der Domstadt. Um 1980 herum wurden die marode gewordenen Kronleuchter durch elektrische ersetzt, dabei jedoch bis ins kleinste Detail nachgebaut. Da ist der Kölner eigen. Inzwischen kann bei Führungen dieses faszinierende Denkmal besichtigt werden. Manchmal gibt es dort sogar ein unterirdisches Konzert. Das modrige Abwasser tanzt dann voller Harmonie zu den Klängen von Klassik oder Jazz. Die Akustik in diesem denkmalgeschützten Backsteinraum kann es mit internationalen Konzertsälen locker aufnehmen. Glück findet man eben auch an den ungewöhnlichsten Orten.

TIPP An festes Schuhwerk und warme Kleidung denken. Tour unbedingt frühzeitig buchen.

Kronleuchtersaal, Theodor-Heuss-Ring, 50668 Köln
Kontakt für kostenlose Führungen: Tel. (02 21) 22 12 68 68, fuehrungen@steb-koeln.de
ÖPNV: Stadtbahn 12, 15, 16, 18, Bus 127, 140, 184, Haltestelle Ebertplatz

Ein Besuch für Zen und Seele

9 *Teegenuss im Foyer des MOK*

Eine Arbeitskollegin hat kürzlich damit begonnen, Japanisch zu lernen. Wir wissen, dass sie schon immer gerne Sushi gegessen hat. Aber das allein reicht sicher nicht, um diese doch sehr schwere Sprache zu beherrschen. Wir sind ziemlich beeindruckt, als sie für eine kleine Arbeitsbesprechung das „Museum für Ostasiatische Kunst" am Aachener Weiher vorschlägt und fragen vorsichtig, ob man sich in den Ausstellungsräumen denn unterhalten darf. Und kann man da überhaupt irgendwo sitzen? Wir erfahren, dass wir uns nicht direkt in der Ausstellung treffen, sondern in der dazugehörigen Gastronomie. Hierzu muss man nicht das Museum besuchen, und diese Glücksstätte hat nur am Montag Ruhetag. Ein solcher Geheimtipp für einen Glücksort beeindruckt uns sehr. Die Einrichtung des Lokals ist klar und strukturiert. Es gibt keinen Schnickschnack, sondern nur sehr geschmackvolles und schickes Mobiliar. In Bezug auf Feng Shui würde hier sicher mehr als die volle Punktzahl erreicht werden. Bunte Blüten zieren die Tische. Natürlich lohnt sich auch ein Besuch im Museum selbst. Dieses wurde 1977 von Kunio Maekawas erbaut. Vom Inneren dieses verzaubernden Orts blicken wir auf einen japanischen Teich. Und das alles mitten in der Stadt. Gemütlich und fast besinnlich tropft der Regen auf das Dach des Gebäudes, und wir schauen durch ein beeindruckendes Panoramafenster auf die Terrasse. Da draußen möchten wir bei schönem Wetter auch gerne einmal entspannt sitzen. Obwohl, hier macht uns sogar der Regen Spaß. Unser Tee scheint in den Räumen des „Museums für Ostasiatische Kunst" anders zu schmecken, irgendwie authentischer, klarer, intensiver. Wir merken, dass wir viel ruhiger reden und gleichzeitig wacher, konzentrierter sind. Die Umgebung scheint eine positive Wirkung auf uns zu haben. Also nehmen wir uns ganz fest vor, sehr bald noch einmal hierherzukommen. Wir sind jetzt schon sicher, dass der Kaffee auch ganz fantastisch schmeckt.

TIPP

Neben einem Besuch im Museum ist auch der Museumsshop ein wahrer Glücksfall.

Museum für Ostasiatische Kunst, Universitätsstraße 100, 50674 Köln

ÖPNV: Stadtbahn 1, 7, Bus 142, Haltestelle Universitätsstraße

Himmelsleiter bei Köln

10 *Die Glessener Höhe*

Weihnachten findet in diesem Jahr schon früher statt. Und zwar mit einem Besuch auf der Glessener Höhe vor den Toren der Domstadt an der Grenze zum Rhein-Erft-Kreis. Auch liebevoll „Himmelsleiter" genannt. Dieser Ort ist so schön und friedlich, als würde er von Engeln bewohnt und bewacht. Jene Steigung bei Glessen, die zwar 2 km nur bergauf geht, aber die Besucher mit einem phantastischen Blick auf das Panorama von Köln belohnt. Unser Dom, wie so oft, thront als Herzstück bei diesem Premium-Ausblick „mittendrin". Man steht auf einem Hügel und kann wie in einem Amphitheater in die Ferne schauen. Wer mag, bewegt sich noch ein Stück von der atemberaubenden Aussichtsplattform weg und sieht gleich noch Düsseldorf. Man kann hier auch wunderbar Pause machen und unter dem Schutz von einem großen Bergkreuz ein Picknick genießen. Dabei ist die Glessener Höhe eine längst rekultivierte Abraumhalde vom Braunkohletagebau. Doch das Glücksgefühl beim Erklimmen des „Gipfels" ist fest versprochen. Man kann diesen Ausflug bequem zu Fuß zurücklegen und immer mal wieder eine kleine Pause machen. Wer Lust auf etwas mehr Herausforderung hat, packt die Walking-Stöcke ein. Die Straße hinauf zur Glessener Höhe ist gut asphaltiert und schlängelt sich harmonisch ihren Weg nach oben auf rund 260 Meter. Man vergisst irgendwann alle Anstrengung und konzentriert sich ganz auf die Geräusche der Natur. Autos dürfen hier nicht fahren. Daher gilt die Glessener Höher auch als absoluter Geheimtipp unter Radfahrern. Egal, ob mit dem Holland-, Mountain oder sogar Rennrad. Es geht den meisten nicht um Geschwindigkeit oder Ehrgeiz, sondern darum, den phantastischen Blick auf Köln voll auszukosten. Der ist auf keiner Postkarte zu finden. Und bei Nebel oder sogar Regen hat dieser Ort etwas Magisches. Dann gilt es, wie bei einem Suchspiel, die einzelnen Sehenswürdigkeiten zu erahnen. Und wer ganz genau lauscht, hört irgendwann sogar die Englein singen.

TIPP

Auf dem Rückweg die Brauweiler Abtei zu besuchen.

Zur Glessener Höhe, 50129 Bergheim-Glessen
Bus 961 ab Köln Weiden-West, Haltestelle Glessen – Im Selch

Der Bruder vom Central Park

11 *Der Aachener Weiher*

Ihn bringt nichts aus der Ruhe. Weder Lärm noch schlechtes Wetter. Das Wort Stress kennt er nicht. Alle sagen, er besitze eine wirklich positive Energie und so ein natürliches Strahlen. Egal ob im Sommer oder Winter, man ist gerne mit ihm zusammen. Daher bekommt er auch viel Besuch. Die meisten wollen sich bei ihm entspannen, einfach ein bisschen ausruhen oder reden. Eher selten bleibt jemand über Nacht, dafür umso öfter zum Grillen. Manche seiner Gäste lassen ihren Müll liegen, das kann er gar nicht leiden. Es geht das Gerücht, er verstehe sogar die Sprache der Tiere. Der Aachener Weiher mit seinem Park ist ein wahrer Alleskönner unter den Kölner Glücksorten. Und so etwas wie der kleine Bruder vom Central Park. Aber was ist schon New York, wenn man auch im Herzen von Köln so schön entspannen kann. Fröhliche Springbrunnen und sanfte, hügelige Wiesen sorgen dafür, dass man den Alltag schnell hinter sich lässt. Joggen, Radfahren oder einfach nur der Seele eine Pause gönnen – darum geht es hier. Wen stört es da schon, dass der große See um 1920 künstlich angelegt wurde. Der damalige Oberbürgermeister Konrad Adenauer gab quasi grünes Licht für den Weiher. Immerhin wurde das Gelände schon von den Römern genutzt, denn zentraler als hier an der Aachener Straße geht es kaum. Straßenbahnen und Autos fahren gleichmäßig vorbei. Das ist eher ein Rauschen in der Ferne, wie eine sanfte Musik, die einen umschmeichelt. Hier herrscht friedliche Natur: alte Bäume, Picknick-Wiesen, Enten und Schwäne. Die Uni ist direkt nebenan, und das Museum für Ostasiatische Kunst grenzt an diese kleine Oase. Vielleicht ist ja später noch Zeit für einen Kunstgenuss? Und mittendrin ist der „Biergarten am Aachener Weiher“. Selbst im Winter räumt niemand die Stühle hoch. Das Lokal ist ganzjährig geöffnet, winterliche Temperaturen schrecken dort niemanden ab. Und mit einem leckeren Kölsch und einer warmen Decke lässt sich praktisch alles aushalten.

TIPP Vielleicht hier einmal die Mittagspause verbringen. Oder ein Picknick am Sonntag.

Aachener Weiher, Aachener Straße/Richard-Wagner-Straße, 50674 Köln
ÖPNV: Stadtbahn 1, 7, Haltestelle Universitätsstraße oder Moltkestraße

Wo die Schäfchen wohnen

12 *Lauras Wollladen in Ehrenfeld*

An diesem Handarbeitsladen mitten im Herzen von Ehrenfeld kann man gar nicht vorbeilaufen. Es ist einer der kreativsten Orte in ganz Köln. Und das Geschäft fällt sofort auf, weil man so nett begrüßt wird und hier alles so gemütlich aussieht. Man möchte sich in jedes einzelne Wollknäuel reinkuscheln wie in den Lieblingspullover. Bei „Laura" gibt es Wolle in allen prächtigen Farben und Materialien ebenso wie Garne, alles für das Häkeln und jede Menge Schönes, was dazugehört. Und Stricken erlebt ja derzeit mehr als einen zweiten Frühling. Überall sieht man Frauen, die vorzugsweise Socken oder einen bunten Schal stricken. Nicht, weil sie es müssen, sondern weil diese Handarbeit einfach unglaublich Spaß macht und so etwas ist wie Yoga mit klappernden Nadeln. Und bei diesem Sport für die Hände sieht man gleich das Ergebnis. An strickende Männer in S-Bahn und Zug werden wir uns zwar nie ganz gewöhnen, aber auch sie haben ein Recht auf die Art der Entspannung. „Lauras Wollladen" ist so etwas wie die Klassenbeste für jede Art von Handarbeit. Aber am meisten glücklich macht, dass die Inhaberin Laura uns immer mit Rat und Tat zur Seite steht und man mit bedrohlich heruntergefallenen Maschen nicht allein gelassen wird. So etwas nennt man „die Glücksgarantie". Besonders, wenn man sich für den Anfang eines Projckts zu viel vorgenommen hat, wird man liebevoll an die Hand genommen und wieder auf den rechten Pfad der Strickkünste geführt. Man strickt natürlich entsprechend der Jahreszeit. Gleichgesinnte findet man dazu bei fröhlichen Workshops. Die heißen hier unter anderem „Jetzt entwerfe ich selbst", aber auch Socken stricken kann hier gelernt werden. Dieses Geschäft ist eine richtige Wundertüte, und man möchte es eigentlich gar nicht mehr verlassen. Es gibt immer etwas zu fragen. Und nach jedem Besuch wünschen wir uns, am nächsten Tag gleich wiederzukehren. Denn wir brauchen noch ganz viele Lieblingsstücke, die wir selbst gestrickt haben. Und die natürlich sonst niemand besitzt.

Lauras Wollladen, Klarastraße 46, 50823 Köln
ÖPNV: Stadtbahn 3, 4, 13, Bus 141, 142, 143, Haltestelle Venloer Straße/Gürtel

Wir schwimmen im Glück

13 *Das Schwimmbad im Rosenpark in Zollstock*

Dieser Glücksort wird gehütet wie der Domschatz. Von ihm erfährt man nur durch die beste Freundin oder von jemandem, der uns wirklich von Herzen mag. Man findet ihn in keinem Reiseführer und auch nicht so richtig im Internet. Und doch kann er das Leben verändern: Die Rede ist vom absolut glücklich machenden Schwimmbad im Seniorenhaus „Rosenpark" in Köln-Zollstock. Wassertemperatur: 31 Grad. Im verwinkelten Untergeschoss hat niemand eine Chance, dieses Schwimmbecken von außen einzusehen. Es ist nicht automatisch für die Öffentlichkeit zugänglich, sondern man muss sich für einen der Kurse anmelden. Hier wird auf sanfte Art Aquafitness gelehrt, und es gibt einen ganz besonderen Unterricht: „Schwimmen für Angsthasen". Niemand braucht sich dafür zu schämen. Auch Babys und Kinder können hier fröhlich schwimmen lernen. Sogar das Ablegen von Schwimmabzeichen wie dem Seepferdchen ist möglich, alles ganz ohne Druck und Leistungszwang. Das ist im „Rosenpark" Voraussetzung. Auch heute gibt es noch Menschen – Kinder wie Erwachsene –, die Schwimmen nie oder nur schwer gelernt haben und daher nur äußerst ungern ins Wasser gehen. Dahinter kann ein traumatisches Erlebnis stecken oder auch ein Lehrer, der sich keine Mühe gegeben hat. Das Schwimmbecken im Rosenpark kann eine ganze Menge wiedergutmachen. Man fühlt sich komplett geborgen und legt im flachen und wohlig warmen Wasser sofort alle Ängste ab. Kein Trainer schaut auf die Stoppuhr, noch sind wir schnelleren Schwimmern im Weg. Abgetrennte Bahnen gibt es hier nicht, dafür ausreichend Schwimmgürtel oder die sogenannten Wassernudeln. Es soll ja Spaß machen. Es geht nur um uns und darum, dass wir uns im Wasser sicherer fühlen. Auch außerhalb dieses geschützten Bades. Doch bis dahin bleibt der „Rosenpark" ein ganz glücklicher Ort für uns.

TIPP

Ein Schwimmbadbesuch ist im Rahmen von Kursen möglich.

Schwimmbad im Rosenpark, Bernhard-Feilchenfeld-Straße 3–7, 50969 Köln
www.rosenpark-koeln.de
ÖPNV: Stadtbahn 12, Bus 142, Haltestelle Pohligstraße

Fit wie ein Turnschuh

14 *Die Jahnwiese und das RheinEnergie Stadion*

Dieser Rasen ist einfach unfassbar fit. Hier ist den ganzen Tag was los, oft schon vor Sonnenaufgang. Auf dem Stück Grün wird gelaufen, gehüpft, getrampelt oder gestampft. Und doch ist diese Wiese grasgrün und knackig wie aus dem Bilderbuch. Trotz der vielen Fußtritte haben sich die Grashalme noch nie beschwert. Denn die Kölnerinnen und Kölner – jeder, der Lust und Spaß an Bewegung hat – lieben ihre Jahnwiese heiß und innig. Hier wird Fußball gespielt, werden Joggingrunden gedreht, Gymnastik und Yoga gemacht. Man muss sich nicht herausputzen, keinem Verein beitreten oder lange nach einem Termin suchen. Eine Aufnahmegebühr gibt es nicht. Einfach die Sportschuhe anziehen und loslegen. Barfuß geht natürlich auch. Und auf diesem schönen Flecken Erde ist man zudem noch in hochkarätiger, sportlicher Gesellschaft, denn die Königsklasse, die sportliche Prominenz, ist hier ebenfalls zu Hause. Eines der berühmtesten Wahrzeichen von Köln, das RheinEnergie Stadion, wirft schützend seinen Schatten auf die Jahnwiese. Wie ein großer Bruder, den man bewundert, und einer der bekanntesten Orte in der Stadt. Hier trainiert auch der 1. FC Köln, und Spieler und Fans sind sich so nah wie nirgendwo sonst in der Domstadt. Die Freizeitsportler strahlen vor Glück, wenn auch bei ihnen ein Tor fällt oder ein Dauerlauf besonders flott war. Doch geht es hier nicht um Sieg oder Niederlage, sondern um die Gemeinschaft. Es herrscht ein dynamisches Kommen und Gehen, dem sich niemand entziehen kann. Die Jahnwiese grenzt an die Deutsche Sporthochschule. Sportler aus aller Welt laufen oder sprinten im Minutentakt von einem Gebäude zum anderen oder durch das angrenzende Wäldchen. Keiner wäre überrascht, würde hier einer im Handstand die Straße überqueren. Schon allein das Zuschauen macht beweglich. Natürlich darf man sich auch nur bequem ins Gras legen, in den Himmel schauen und die Gedanken schweifen lassen. Wer weiß, vielleicht wird Schäfchenzählen irgendwann olympische Disziplin. Und auf der Jahnwiese hat alles angefangen.

TIPP **Unbedingt hingehen:** FC-Museum, Heinrich-Billstein-Weg, 50933 Köln.

Jahnwiese, Junkersdorfer Straße, 50933 Köln
ÖPNV: Stadtbahn 1, Bus 141, 143, 144, Haltestelle Junkersdorf

Wir besuchen Onkel Willy

15 *Das Willy-Millowitsch-Denkmal*

Willy Millowitsch und Köln sind untrennbar miteinander verbunden. Der berühmte Volksschauspieler und Regisseur kam 1909 in der Domstadt zur Welt und verbrachte hier sein ganzes Leben. Hineingeboren wurde er bereits in eine berühmte Schauspielerfamilie. Lange war er der Leiter des privat geführten Millowitsch-Theaters. Es gibt also kaum Kölnerinnen oder Kölner, die nicht irgendeine positive Verbindung zu „Onkel Willy“ haben. So wie der Arbeitskollege aus Lövenich, der als Kind an Sankt Martin bei Familie Millowitsch geklingelt und gesungen hat. Das gefiel dem Künstler so gut, dass er sehr großzügig mit den Süßigkeiten war. Und daher hat das Denkmal für einen der berühmtesten Kölner auch einen ganz besonders schönen Platz bekommen, einen, der extra nach ihm benannt wurde. Der Willy-Millowitsch-Platz direkt an der Ehrenstraße. Dort sitzt der Willy in Lebensgröße und sehr entspannter Haltung mitten im Geschehen so, wie man das zu seinen Lebzeiten immer von ihm kannte. Es passiert täglich, dass Menschen die Statue umarmen, sie begrüßen und mit ihr reden. Aus der Entfernung erkennt man nicht auf den ersten Blick, dass die goldfarbene Figur, die da eine besinnliche Pause zu machen scheint, nicht lebendig ist. Sehr groß war die Anteilnahme der Bevölkerung, als der Schauspieler im Jahr 1999 „auf Melaten“ beigesetzt wurde. Die Domstadt trug Trauer. Tatsächlich machte dieser besondere Kölner auch Karriere als Sänger und trat in einem echten Hollywood-Film auf: In „Hilfe, die Amis kommen“ (National Lampoons European Vacation) spielte er neben Chevy Chase einen typisch deutschen Charakter. Bei den Fernsehzuschauern heute ist seine Tochter Mariele inzwischen eine der beliebtesten Schauspielerinnen Deutschlands. Sie begeistert mit Formaten wie Girlfriends, Nikola oder Marie Brand. Und wir sind sicher, die Besucher am Willy-Millowitsch-Denkmal werden ihm über jeden Film seiner Tochter begeistert berichten.

TIPP Nach dem Besuch am Denkmal unbedingt noch bei „TörtchenTörtchen“ vorbeischauen.

Willy-Millowitsch-Denkmal, Willy-Millowitsch-Platz, 50667 Köln
ÖPNV: Stadtbahn 1, 3, 4, 7, 9, 16, 18, Bus 136, 146, Haltestelle Neumarkt

Hier lebte Rudi Jakubowski

16 *Restaurant und Café-Kultur in Mülheim*

Es muss unbedingt erwähnt werden, dass das „Café Jakubowski" nicht in Köln-Mülheim, sondern in Alt-Mülheim sein gemütliches Zuhause hat. Das ist ein sehr wichtiger Unterschied für Gäste und Bewohner. Denn nur wenige Veedel sind über die Jahrhunderte so authentisch und vom Herzen her Köln geblieben wie diese so ehrlich wahrhaftige Gegend direkt an der Rheinpromenade. Die Mülheimer Brücke ist in Sichtweite und das schon ganz schön lange. Und so begaben sich die Besitzer des Lokals vor der Eröffnung auf historische Spurensuche: „Wer hat wohl in diesem inzwischen liebevoll restaurierten Altbau gewohnt?" Schließlich ist die Mülheimer Freiheit nicht irgendeine Adresse, sondern unter den heimischen Straßen richtig prominent. Es gibt zuverlässige Gerüchte, Napoleon habe einmal hier in der Gegend übernachtet. Und da muss der Name für das Restaurant schon standesgemäß sein. Die Betreiber hörten von Rudi Jakubowski, der im Jahr 1928 in diesem Haus geboren ist, und so wurde er zum Namensgeber und Schützling für das Café auserkoren. Rudi und seine Frau Waltraud blieben stets treue Gäste und Freunde. Und so geht es im Hause Jakubowski seit 2006 auch immer noch zu, sehr liebevoll und familiär eben. Wie bei einem fröhlichen Familientreffen, zu dem man gerne leger gekleidet erscheinen darf. Einer der Höhepunkte findet dabei immer am Sonntag um Punkt zwölf Uhr statt: „Return of the Sonntagsbraten". Eine echte Konkurrenz für jede gute Hausfrau. Und die saftigen Obstkuchen backt man nach alten Rezepten von der Oma. Feste wie zum Beispiel Ostern werden hier so richtig schön zelebriert. Bei gutem Wetter auch auf der Terrasse, und es gibt ständig wechselnde Kulturveranstaltungen und Musik. Sogar ein Catering außer Haus ist möglich. Gekocht wird fast rund um die Uhr, in feinster Bio-Qualität und immer von der Jahreszeit abhängig. Frühstück, köstliche Kartoffelsuppen, Strammer Max und vegane Gerichte, hier gibt es für jeden ein garantiert glücklich machendes Essen.

TIPP Jeden Sonntag gibt es hier einen himmlischen Brunch.

Café Jakubowski, Mülheimer Freiheit 54, 51063 Köln, Tel. (02 21) 9 66 11 10
Reservierungen bitte nur telefonisch vornehmen
ÖPNV: Stadtbahn 4, 13, 18, Bus 151, 152, 153, Haltestelle Mülheim Wiener Platz

Nicht nur für Raucher

17 *Der Tabakladen „Pfeifen Heinrichs“*

Auch ein Tabakladen kann ein Glücksort sein. Wenn man an die Kindheit denkt, fällt einem sofort der Großvater ein, der genussvoll Zigarillos geraucht hat. Wir saßen als Kinder daneben, und noch heute kann man den Duft des süßlichen Tabaks riechen. Wenn Opa eine Pause machte, hat er sich was Gutes gegönnt, für ihn war Rauchen ein Genuss wie für andere ein Glas Wein oder eine köstliche, handgefertigte Praline. Für solche Genussmenschen hat Peter Heinrichs vor vielen Jahrzehnten sein Geschäft gegründet. Ein Laden, der auf Tradition und Handwerk basiert und zur Domstadt gehört wie die Heinzelmännchen. Auch als Nichtraucher betritt man diesen Laden voller Neugierde. Zuerst ertappt man sich bei der Feststellung, dass es hier ja gar nicht nach kaltem Rauch riecht, sondern richtig wundervoll duftet. Wir sehen geschmackvoll dekorierte Zigarettenschachteln, edle Feuerzeuge oder kunstvoll gefertigtes Zigarrenzubehör. Überall sind üppig bestückte Holzregale. Und es gibt sogar einen begehbaren Humidor, was recht selten ist. Ebenso wie Mitarbeiter, die ihre Arbeit richtig gerne machen. Die Waren sind geschmackvoll dekoriert, und man fühlt sich im Geschäft sofort wohl. Auf die Frage, ob man auch Dinge verkaufe, die nichts mit Rauchen zu tun haben, reagiert der nette Verkäufer weder schockiert noch bittet er einen zu gehen: „Es gibt viele Menschen, die zum Beispiel keine Pfeife rauchen, eine solche aber als kleines Kunstwerk betrachten und sich dann zu Hause ins Regal stellen.“ Den Kunden etwas ganz Besonderes zu verkaufen, das war stets der Leitsatz von Geschäftsgründer Peter Heinrichs. So hat er seine Arbeit immer gestaltet. In der Innenstadt und vor den Toren Kölns. Als 17-Jähriger hat er nach einer Lehre im elterlichen Zigarettengeschäft bereits seinen ersten Laden eröffnet und baute in der ganzen Welt erfolgreich weitere Läden auf, doch Köln blieb er immer treu. Er hat es geschafft, hier einen kleinen Glücksort zu schaffen. Für Raucher und Nichtraucher.

TIPP Um die Ecke ist auch „Foto Gregor“, ebenfalls ein bekanntes Kölner Traditionsgeschäft.

Pfeifen Heinrichs, Hahnenstraße 2–4, 50667 Köln
www.peterheinrichs.de
ÖPNV: Stadtbahn 1, 3, 4, 7, 9, 16, 18, Bus 136, 146, Haltestelle Neumarkt

10 SUBLIME
GENEVE - SWITZERLAND
10 SUBLIME
GENEVE - SWITZERLAND
KRISTOFF CIGARS
Kristania
Rauchen kann tödlich sein
Rauchen kann tödlich sein
Rauchen verursacht Schlaganfälle und Behinderungen
Rauchen kann Ihr ungeborenes Kind töten.
Costa
AVIATOR SERIES
BUENA VISTA
ist tödlich

Mit verstecktem Aquarium

18 *Das Savoy Hotel*

Vom Hauptbahnhof aus sind es nur wenige Schritte. Dann steht man vor dem Savoy Hotel und denkt erst einmal: Ein bisschen viel Beton. Wo soll denn da ein Glücksort reinpassen? Er passt, und zwar wie die Faust aufs Auge – versprochen. Schon beim Betreten des Hauses merkt man, dass es leiser wird, eine charmante Ruhe. Ganz viele Teppiche, kuschelige Sessel in Stoffen und Farben, die wir uns nie trauen würden, miteinander zu mixen. Violett, dunkelrot, etwas Gold hier und da. Alles ist bunter und magischer. Die Einrichtung ein wunderschönes und über Jahre gewachsenes Kunstwerk, aber eines zum „Drinwohnen" und „Es-gemütlich-Haben". In der Sofalandschaft bei der Lobby möchte man einfach nur vor sich hin träumen und sinkt automatisch tiefer in die glänzenden Kissen. Jedes der Hotelzimmer ist ganz unterschiedlich eingerichtet, ein Dekozauber so richtig zum Genießen. Diese Einrichtung ist etwas, an das man sich noch Jahre später erinnert. Über das Savoy Hotel wird in Köln ständig gesprochen. Das liegt nicht nur an den kleinen und großen Stars, die hier regelmäßig absteigen, sondern auch an den unzähligen, herrlich verrückten Kleinigkeiten, die sich wie ein Mosaik durch das Haus ziehen. Eine Übernachtung hier ist natürlich ein Traum, doch schon ein Kurzbesuch lässt einen staunen. Wer hat schon einen gläsernen Kamin, der von der Decke heruntergefahren werden kann? Oder eine Bar mit Restaurant, die Diva heißt und so ziemlich rund um die Uhr geöffnet ist. Der Wellness-Bereich scheint direkt aus Tausendundeiner Nacht zu stammen. Massagen aller Art, märchenhafte Gesichtsbehandlungen und ein Rasul-Bad – hier gibt es Glücksmomente zuhauf. Kölsches Herz, was willst du mehr! Und dann wäre da noch die Sache mit der Herrentoilette – hier absolut salonfähig. Ein großzügiges Aquarium mit schillernden und vor allem echten Fischen ist in die Wand eingelassen. Man kann sich von diesem stillen Örtchen kaum trennen. Und die eine oder andere Dame war auch schon mal zum Fische-Bestaunen da.

TIPP Man wird auch sehr freundlich aufgenommen, wenn man nur etwas trinken möchte.

Savoy Hotel Köln, Turiner Straße 9, 50668 Köln
www.savoy.de
Reservierung für den Wellness-Bereich unter Tel. (02 21)1 62 33 33
ÖPNV: Stadtbahn 16, 18, Bus 132, 133, Haltestelle Breslauer Platz/Hauptbahnhof

Da simmer dabei

19 *Nordic Walking auf dem Rheinboulevard*

Wir möchten uns so gerne mehr bewegen. Und das vor allem an der frischen Luft. Daher probieren wir jetzt endlich einmal Nordic Walking aus. Wir sind richtig aufgeregt und voller Vorfreude. Denn so können wir bei flottem Schritt gleich mal den neuen Rheinboulevard in Deutz anschauen. Dessen heller Stein und die vielen Stufen zum Sitzen strahlen einen richtig an und laden uns ein. Es gibt keine weitere Ausrede, und ganz vorsichtig starten wir am Hyatt Hotel mit den ersten Walking-Schritten. Das ist wie normales Gehen, nur einfach viel dynamischer und mit mehr Schmackes. Die Sporthose passt tatsächlich noch, und die Turnschuhe sind auch noch brauchbar. Viel mehr Ausrüstung braucht man eigentlich gar nicht. Die Stöcke verkneifen wir uns erst mal, sondern lassen es langsam angehen. Schon nach den ersten Metern grüßen uns Walking- und Laufkollegen. Einer hebt sogar den Daumen, das macht Mut. Wir gehören bald ein bisschen dazu und setzen tapfer einen Fuß vor den anderen. „Immer schön gleichmäßig atmen", sagen wir uns, und rasch sind zehn Minuten um. Jetzt nehmen wir die Arme mit leichter Bewegung dazu und finden, wir machen das gar nicht so schlecht. Wir sind schon bald tief in Gedanken versunken und herrlich abgelenkt. Wie bei einer Meditation. Wir denken darüber nach, wie oft die Stufen hier gefegt werden oder wie viele Schiffe in einem Jahr über den Rhein fahren. Und was eigentlich mit den Liebesschlössern passiert ist. Und dann bemerken wir erfreut, dass wir gar nicht mehr die Schritte zählen oder auf die Uhr schauen. Wir walken munter drauf los, das nennt man wohl, den Kopf frei kriegen. Ist gar nicht so schwer in dieser wunderschönen Umgebung. Man kann sogar hinter dem Deutzer Bahnhof (direkt bei den Parkplätzen am RTL-Gebäude) einen kleinen Weg auf die Hohenzollern-Brücke hochlaufen. Den hätten wir sonst nie gefunden. Wir laufen einmal über die Brücke und zurück. Das machen wir beim nächsten Mal genauso. Wir kommen nämlich wieder. Die Sonne lacht, und wir sind stolz auf uns. Dat is prima!

TIPP **Am Sonntag einfach den Partner mitnehmen – statt gemächlichem Spaziergang.**

Rheinboulevard, Hermann-Pünder-Straße 2, 50679 Köln, direkt am Hyatt Hotel
ÖPNV: Stadtbahn 1, 9, Bus 150, Haltestelle Köln Messe/Deutz (abhängig, von wo man starten möchte)

Besuch im Schlaraffenland

20 *Das türkische Restaurant „Mevlana" in Mülheim*

Ein Hauch von verführerischen Wohlgerüchen liegt sanft in der Luft. Man hat wirklich nicht geträumt. Dieser würzige Duft nach gegrilltem Fisch mit Zitrone sowie leicht gerösteten Pinienkernen auf einer tiefvioletten, saftigen Aubergine steigt in die Nase. So frisch und angenehm wie die würzigste Minze. Und schließlich steht das Urteil fest. Wir haben das ganz persönliche und wundervolle Schlaraffenland gefunden. Es existierte bisher nur in unseren Träumen. Es befindet sich in einem der ältesten Stadtteile von Köln, und zwar in Mülheim in der Keupstraße. Dieser wundervolle und einzigartige Ort hört auf den klangvollen Namen „Mevlana". Man hätte dieses türkische Lokal auch „Essen so lecker wie die Ewigkeit" taufen können. Denn bei all den köstlichen Speisen steht die Welt einfach mal still. Man macht Pause und speist mit dem größten vorstellbaren Genuss. Und Hunger. Der riesige Holzkohlegrill ist das Herzstück des Lokals. Er zischt und brutzelt fast schon sinnlich vor sich hin. Auf der Karte stehen kulinarische Schätze wie gebratene Wachteln oder die scharfe Paste Ante Ezme. Weinblätter, Reis und Rosinen sind so delikat zubereitet, dass man den Geschmack nie mehr vergessen wird. Und auch nicht vergessen möchte. Da ist schon was dran mit „Tausendundeiner Nacht". Obwohl im Restaurant „Mevlana" auch genussvoll gefrühstückt werden kann. Mit süßem Tee, einem warmen Käse und delikaten herzhaften Aufstrichen. Hier im Laden gibt es nur nachts eine Pause von vier Stunden. Ansonsten kann man sich zu allen Tageszeiten mit Köstlichkeiten stärken und die Geschmacksnerven mit einem Jahresvorrat an Genuss verwöhnen. Besonders beliebt ist „Adana Kebab", ein frisch zubereiteter Hackfleischspieß mit Zwiebeln und orientalischen Gewürzen. Man erfährt an diesem rechtsrheinischen Glücksort auch sehr viel Wissenswertes über die türkische Küche. Nämlich, dass sie persische und indische Wurzeln hat. Das Beste aus allen kulinarischen Welten wurde hier ausgewählt, um den Gästen Gaumenfreuden zu bereiten.

TIPP

Nach dem Essen ist vor dem Essen: Der Rhein ist direkt in Laufweite.

Mevlana, Keupstraße 47–49, 51063 Köln

ÖPNV: Stadtbahn 4, Bus 151, 152, 153, Haltestelle Keupstraße

Hier sprudelt das Glück

21 *Der Tanzbrunnen*

Siedlungsgeographisch braucht es rund 5.000 Bürger, um als kleine Stadt zu gelten. Den Tanzbrunnen in Deutz besuchen bei Konzerten gerne mal 12.000 Gäste. Um ausreichend Einwohner muss sich dieser Glücksort also wirklich nicht sorgen. Hier ist einfach Musik drin – und das immer und immer wieder mit Zugabe. Bereits 1928 ging es mit der Planung für den Kultur- und Freizeitpark am Fluss los. Der Panoramablick auf den Rhein ist unschlagbar und inspiriert wirklich jeden zum Tanzen, Singen und Feiern. Hier wohnt das Glück in seiner schönsten Form. Über Jahre ist eine fröhliche Gemeinschaft entstanden, die dieser Location die absolute Treue hält. Und, wie es sich gehört, mit einem prachtvollen Brunnen mittendrin. Der bekommt im „Tanzbrunnen" seit 1950 die ungeteilte Aufmerksamkeit aller Besucher. Er kennt sämtliche Geschichten der Stadt, denn Köln kann manchmal auch ein Dorf sein. Rund sechzig musikalische Veranstaltungen finden hier im Jahr rechtsrheinisch statt. Aus der Luft betrachtet sieht das Areal aus wie ein Amphitheater mit Halbkreis, das liebevoll mit dem Rhein verschlungen ist. Da haben sich die Konstrukteure wirklich was Schönes einfallen lassen. Dieser Ort ist eine gewachsene Anlage mit Open-Air-Bühne, dem Restaurant Rheinterrassen und einem fantastischen Beach Club. Es gibt kaum eine Kölner Band, die hier noch nicht aufgetreten ist, oft in mehreren Jahrzehnten, wie zum Beispiel die Bläck Fööss. Cat Ballou oder Kasalla finden sich mit verbundenen Augen zurecht. Und den bärtigen Texanern von ZZ Top hat es in Cologne extrem gut gefallen. Bei den unterschiedlichen Veranstaltungen trifft man häufig komplette Großfamilien. Der Tanzbrunnen wird dann zum Mehrgenerationenhaus der Rhein-Metropole. Eine singende Wundertüte, in der mit viel Liebe und Spaß Musik gemacht wird. Eine Kleiderordnung gibt es nicht. Hier trägt man zum glitzernden Abendkleid schon mal Gesundheitsschuhe, damit man später im Sand besser laufen kann, um danach vielleicht im Mondlicht noch einmal zu tanzen.

TIPP Von April bis Oktober findet hier monatlich ein wunderbarer Fischmarkt statt.

Tanzbrunnen Köln, Rheinparkweg 1, 50679 Köln
ÖPNV: Stadtbahn 1, 9, Bus 150, Haltestelle Köln Messe/Deutz

n-tv
RESTAURANT
Coca-Cola

Pures Glück in flüssiger Form

22 *Die Trinkschokolade im Schokoladenmuseum*

Hier in Köln gibt es ein Museum, das besteht (fast) nur aus Schokolade. Und daher heißt es auch „Schokoladenmuseum". In seinem Bauch gluckert ein goldener Brunnen mit der köstlichen dunkelbraunen Masse. Man darf sie sogar probieren und vergisst alles um sich herum. Eigentlich der perfekte Glücksort, den man ziemlich satt und mit einem zufriedenen Lächeln wieder verlässt. Die Messlatte liegt also hoch für alle schönen Orte in Köln. Wäre da nicht der Glücksort par excellence, versteckt im Glücksort, nämlich das Chocolat Grand Café im Schokoladenmuseum, wo es die beste und cremigste Trinkschokolade in ganz Köln gibt. Eingefleischte Glücksort-Profis behaupten sogar, es sei der beste „Kakao" auf der ganzen Welt. Man muss nur eine schwere Entscheidung treffen: Bestellen wir die heiße und flüssige Edelschokolade mit Sahne pur oder die Variante Knuspergold mit Nusskrokant und Haselnuss-Aroma? Beides wird nach einer geheimen hauseigenen Rezeptur zubereitet. Wir wollen das aber gar nicht wissen, sondern einfach nur genießen. Mit Blick auf den Rhein durch hohe Panoramafenster gelingt dies leicht. Wir betrachten das warme, goldbraune Kunstwerk im Glas ehrfürchtig einen Moment und machen uns dann an den Genuss. Zuerst die frische Sahne in kleinen Happchen abtragen und auf der Zunge zergehen lassen. Dann werden wir mutiger, löffeln tiefer ins Glas und schmecken nun die Schokolade. Die hat sich auf dem Becherboden cremig festgesetzt und will erobert werden, Stück für Stück. Wir haben Zeit, überlassen nichts dem Zufall und sind verzaubert von jedem Schluck, oder sagen wir lieber Bissen. Um uns herum sitzen überall Genuss-Verbündete, man versteht sich auch ohne Worte. Wir sind hier Seelenverwandte. Der Geschmack dieser himmlischen Trinkschokolade ist in unserem Gedächtnis ab sofort ein nicht mehr zu löschender Teil. Wir können diesen edlen Genuss abrufen, wann immer wir wollen. Und für Notfälle wissen wir ja, wo sich dieser Glücksort versteckt.

TIPP

Auch die Kölner „Bimmelbahn" hat hier eine Haltestelle.

Chocolat Grand Café im Schokoladenmuseum, Am Schokoladenmuseum 1a, 50678 Köln
ÖPNV: Bus 133, Haltestelle Schokoladenmuseum
Parken: Tiefgarage Rheinauhafen

CHOCOLAT
GRAND CAFE

Ein kleiner Glücksspaziergang

23 *Verabredung mit Ehrenfeld*

Es gibt ja diese Tage, wo nichts so richtig klappt. Trübes Wetter oder schlechte Nachrichten, ein unschöner, stressiger Tag im Büro. Hier hilft nur die besondere Glücksort-Stadtteil-Tour durch Ehrenfeld. Jenes herrlich multikulturelle Veedel, das es so in Köln kein zweites Mal gibt. Wir starten an der U-Bahnhaltestelle Piusstraße. Nur wenige Schritte entfernt ist das Barthonia Forum (Ecke Venloer Str.), die ehemalige Produktionsstätte von 4711 und Tosca. Die Kölner nennen es liebevoll das „4711-Gebäude", obwohl die Fabriken schon lange umgezogen sind. Doch die typischen Farben dieser Kölner Marke prägen noch immer den denkmalgeschützten Gebäudekomplex: gold und türkis. In dieser historischen Luft fühlen wir uns sofort wohl. Ehrenfeld ist wie ein riesiges Freiluftmuseum. Und in direkter Nachbarschaft, der Venloer Straße, findet der frustrierte Alltagsmensch Teeläden zum Genießen und schöne Schuhgeschäfte (keine Ketten) für gestresste Füße ebenso wie einladende Marktstände mit frischem Obst und Gemüse. Die Verkäufer erkennen uns sofort wieder. Auch das Neptun-Bad „wohnt" um die Ecke. Es war eine der ersten Badeanstalten in Köln. Heute befindet sich im prächtigen Jugendstilbau eine Wellnessoase. Schon bald werden wir angelockt vom Duft des Restaurants „Limone". Es gibt hier wunderbar frische mediterrane Gerichte (prima für die Mittagspause). Wir wollen schließlich Spaß haben, das haben wir verdient. Vielleicht geht es abends ins „Cinenova", ins größte Programmkino der Domstadt. Dort werden anspruchsvolle Filme gezeigt, da geht uns sofort das Herz auf. Man trifft sich hier sogar zur Übertragung von Ballettaufführungen oder Opern aus dem Ausland. Und wer jetzt noch einen Glückszuschlag möchte, läuft bis zum Ehrendfeldgürtel und schaut sich bei „Balloni" um. Dieses Geschäft verbindet jeder sofort mit Ehrenfeld. Ein einzigartiger Luftballonladen, wo ganz viel nach Kundenwunsch gearbeitet wird. Und vielleicht steht auf unserem Ballon: „Es wurde doch noch ein schöner Tag".

TIPP Sich einfach immer entlang der Venloer Straße treiben lassen. Und Neues entdecken.

ÖPNV: Stadtbahn 3, 4, Haltestelle Piusstraße

Alle unter einem Dach

24 *„Die Wohngemeinschaft" im Belgischen Viertel*

Die meisten Kölner werden das große Eingangsschild in der Richard-Wagner-Straße schon einmal gesehen haben: „Die Wohngemeinschaft" steht da in großen und schnörkeligen Buchstaben. Man hat sich nie etwas dabei gedacht, denn ein paar Häuser weiter stehen immer große Gruppen junger Leute, die sich angeregt unterhalten und häufig rauchen. Bisher glaubte man, sie seien die Bewohner dieser WG, tatsächlich aber handelt es sich um Berufsschüler. Und doch ist dies ein ganz besonderer und vor allem fröhlicher Ort. Denn hier im Belgischen Viertel ist ein Haus für ganz unterschiedliche Bewohner entstanden, und alle sind sehr glücklich – und das vor allem gemeinsam. Im Untergeschoss ist das Herzstück der „Wohngemeinschaft" angesiedelt. Hier, im Lokal, finden Lesungen, Konzerte, Vorträge und vor allem Kunst statt. Man kommt wie in einer gemütlichen Küche zusammen und möchte am liebsten gar nicht mehr gehen. Fast immer gibt es auf der Karte mindestens eine leckere Suppe, natürlich aus guten Zutaten und selbst gemacht. Langweilige „Musik" wird hier glücklicherweise nicht gespielt. Wer nach dem Essen dennoch müde ist, sagt einfach „Gute Nacht" und geht nach oben – ins Hostel mit kleinen und großen Zimmern bis hin zum Schlafsaal. Die Zimmer in strahlend bunten Farben sind sicher nicht von der Stange eingerichtet. Wer schon mal in einer WG zu Besuch war, auch wenn das schon ein paar Jahre her ist, wird sich hier gleich zu Hause fühlen. Vielleicht einfach beim nächsten Übernachtungsbesuch Nichte und Neffe in diesem Hostel einquartieren? Sie werden noch lange begeistert davon reden, wie wenig spießig die Verwandten in Köln sind. Da will man auf jeden Fall noch mal hin. So ein schöner Familien-Glücksmoment. Am besten verrät man erst einmal nicht, dass in den oberen Etagen der „Wohngemeinschaft" auch ganz normale Büros mit weißen Wänden angemietet werden können. Das ist dann mehr was für später. Fürs Erwachsensein. Der gut besuchte Küchentisch im Erdgeschoss steht dann sicher immer noch.

TIPP

Auch mal das „Hotel Hopper" in der Brüsseler Straße direkt nebenan buchen.

Die Wohngemeinschaft, Richard-Wagner-Straße 39, 50674 Köln
www.die-wohngemeinschaft.net
Stadtbahn 1,7, Haltestelle Moltkestraße oder Rudolfplatz

Wir gehören zur Familie

25 *Das Ristorante „Claudio" in Junkersdorf*

Das italienische Restaurant „Claudio" in Junkersdorf, benannt nach seinem Besitzer, ist so etwas wie das Herzstück dieser schönen und grünen Gegend. Als RTL seinen Hauptsitz noch an der Aachener Straße hatte, war das italienische Restaurant so etwas wie die Kantine des Fernsehsenders. Man ging mal schnell auf einen Teller Pasta rüber „zum Claudio". Oder traf sich nach der Arbeit oder für ein Geschäftsessen dort. Alle wussten diesen Familienbetrieb schon immer zu schätzen. Natürlich kamen besonders zu jener Zeit reichlich Prominente in das Lokal. Daran hat sich bis heute nicht so viel geändert. Für Wirt Claudio macht es allerdings keinen Unterschied, ob jemand viel oder wenig in der Zeitung steht. Er geht sehr unaufgeregt damit um. Lieber sorgt er für gutes Essen. Claudio ist mit seinen Gästen immer familiär geblieben – auch in den berühmten guten und schlechten Zeiten. Viele Restaurantgäste kommen schon ewig hierher, oft ist der Laden mittags bereits voll besetzt. Aber es wird stets Platz für neue Gäste geschaffen, dann rücken alle etwas zusammen. Man weiß, hier trifft man jemanden, den man kennt. Junkersdorf ist eben das berühmte Dorf und Claudios Team immer ganz nah an seinen Gästen. Nie wurde mit falschem Ehrgeiz versucht, den Charakter des Essens oder die Ausrichtung des Restaurants zu verändern. Es ging ausschließlich darum, dass den Leuten die Speisen, ehrlich und authentisch italienisch, schmecken und nicht, ob es damit Sterne zu erreichen gibt. Dennoch wird jeder Feinschmecker von den ständig wechselnden Gerichten begeistert sein. „Claudio" ist ein fester Bestandteil dieser Gegend. Das zeigt sich immer dann, wenn am Lokal mal wieder etwas aus- oder angebaut wird. Wir reden natürlich von kleineren Veränderungen, hier schießt keiner über das Ziel hinaus. Und bald schauen alle vorbei, um zu sehen, wie es denn so geworden ist, wie man es auch beim Nachbarn oder guten Freunden macht – nicht nur in Italien.

- **Ristorante Claudio, Kirchweg 3, 50858 Köln, Tel. (02 21) 48 30 40**
- **ÖPNV: Stadtbahn 1, Bus 141, 143, 144, Haltestelle Junkersdorf**

King of the
kitchen

Neulich an der Mühle

26 *Brauereikunst aus der Malzmühle*

Die Malzmühle ist in der Kölner Altstadt inzwischen so etwas wie ein eigener kleiner Stadtteil direkt am Rhein geworden. Dabei trifft alte Brauhaustradition auf ein extrem modern geführtes Familienunternehmen in fünfter Generation. Fast könnte man hier am Heumarkt einen kleinen Urlaub verbringen, denn neben dem Brauhaus gibt es auch den „Höhner-Stall". Eine Ehrung der berühmten Kölner Musiker, inklusive einer Dauerausstellung zur vierzigjährigen Geschichte der Band. Der Saal kann für Veranstaltungen und Konzerte gebucht werden. Zudem gibt es die Mühlen-Bar mit einer köstlichen hauseigenen Kräuterlikörspezialität. Und wer danach nur noch müde ins Bett fallen möchte, übernachtet im Hotel zur Malzmühle, am liebsten in der Braumeistersuite, Blick auf den Dom inklusive. Die Brauerei zur Malzmühle ist die zweitälteste Brauerei in Köln, nach wie vor am gleichen Standort, mit dem Heumarkt zum Greifen nah. Und noch immer wird nach alter Brautradition und dem Reinheitsgebot von 1516 gebraut, ein Kölsch mit wunderbar würzigem und malzigem Geschmack. Die Betreiber der Malzmühle sind sehr behutsam mit der Zeit gegangen und haben dennoch über die Jahrhunderte nie den Anschluss verloren. Auch Gäste, die kein Kölsch mögen (das soll es geben!), werden vom Köbes nicht schief angeschaut oder hören einen dummen Spruch. Das kennt der Fremde ja auch. Außerdem kann man hier sehr gut essen und – bei aller Liebe zur Tradition – es gibt nicht nur Kölner Spezialitäten. Selbst wenn das Brauhaus voll ist, wird man auch mit einer großen Gruppe und ohne Reservierung sehr freundlich empfangen und bekommt einen guten Platz im gemütlichen Untergeschoss. Wer mag, kann natürlich oben auf der Empore an den hellen Holzstühlen und Tischen Platz nehmen. Vor allem um Weihnachten herum ist die Malzmühle besonders festlich geschmückt und strahlt wunderschön. Dann ist am Heumarkt beim Weihnachtsmarkt auch die Eislauffläche aufgebaut, und wir möchten diese glückliche Gegend nie mehr verlassen.

Brauerei zur Malzmühle, Heumarkt 6, 50667 Köln
www.muehlenkoelsch.de
ÖPNV: Stadtbahn 1, 5, 7, 9, Bus 106, 132, 133, Haltestelle Heumarkt

0,2 l
rastal

Die Dinger's von nebenan

27 *Blumenpracht im Dinger's Gartencenter*

Man kann ja heute Pflanzen für Balkon oder Garten in so ziemlich jedem Baumarkt kaufen. Die Frage ist nur: Macht es wirklich glücklich, dort nach Nachschub für unseren grünen Daumen zu suchen? Besonders, wenn direkt daneben Schrauben, Zement und Holz verkauft werden. Auch trauen wir uns nie so richtig, die Verkäufer in der Pflanzenabteilung anzusprechen, falls sie überhaupt Zeit für uns haben. Zu Hause haben wir uns abgemeldet mit den nüchternen Worten, wir müssten noch Blumen im Baumarkt besorgen. Klingt nicht sehr fröhlich, oder? Wir hören immer, dass unsere Freunde es anders machen, irgendwie besser, und den Einkauf wie einen Ausflug vorbereiten: „Wir waren neulich wieder bei Dinger's." Man könnte auch sagen „bei den Dinger's". Denn in diesem Familienbetrieb liebt man Pflanzen wirklich von Herzen und steht uns persönlich hilfreich zur Seite, wenn die Gewächse später nicht so wollen wie wir. Doch wir können erleichtert aufatmen – das kommt hier selten vor, denn die richtig netten Pflanzendoktoren oder Gartenbauingenieure sind schon beim Kauf unsere Verbündeten und so fürsorglich, als habe man einen Labrador-Welpen adoptiert. Wir dürfen sie sogar Wochen später noch kontaktieren. Fast alle Pflanzen werden vor Ort gezogen oder kommen aus der Umgebung. Sie sind quasi mit Blatt und Stängel im Rheinland verwurzelt. Dinger's Gartencenter wurde 1960 in Köln eröffnet und war das erste Gartencenter in Europa. Der Betrieb wurde immer von ausgebildeten Gärtnern aus der Familie geführt. Bei einer gigantischen Pflanzenauswahl, in der Orchideenwelt oder im Palmencafé kann man richtig entspannen und gemütlich einen ganzen Nachmittag verbringen. Im Café geht es schon mit Frühstück los. Und wer mag, genießt im Gartenstuhl ein Glas Wein. Kein Rasen mahnt uns zum Mähen. In der Einrichtungsabteilung, wir ahnen es, stehen Pflanzen und Blumen im Mittelpunkt. Das Beste daran: Man kann sogar mit ihnen reden – nach einem langen Tag im Büro –, denn sie verstehen mehr, als wir glauben.

Dinger's Gartencenter, Goldammerweg 361, 50829 Köln
www.dingers.de

ÖPNV: Bus 141, 143, Haltestelle Steinkauzweg oder Stadtbahn 3, 4, Bus 126, 143, 145, Haltestelle Bocklemünd

Die große Fahrt startet hier

28 *Schiffsanleger an der Rheinpromenade*

Wer von uns hat nicht schon einmal an der Rheinuferpromenade gestanden und voller Sehnsucht den Schiffen zugeschaut – beim Fahren und beeindruckenden An- und Ablegen. Da ist richtig was los auf dem Wasser – ein herrlicher, maritimer Glücksort. Wir beobachten Berufsschiffe, die mit schwerer Ladung unterwegs sind. Wohin die Fahrt wohl geht? Wir bewundern schnittige Sportboote beim Vorbeigleiten, die im Vergleich zu den Lastschiffen winzig aussehen. Und überall sehen wir Fahrgastschiffe, die ganz unterschiedliche Touren anbieten. Auch für Hochzeiten kann man sie buchen und bekommt schon mit der Einladung die Daten, wo und wann man sich zur Einschiffung einzufinden hat. Klingt alles nach weiter Welt, wie eben der Kölner so ist. Und genau hier sind auch die „Haltestellen" für Flusskreuzfahrtschiffe. Hier starten und enden viele aufregende Reisen.

Noch stehen wir oben am Geländer, haben aber schon den einen oder anderen neugierigen Blick in den Speisesaal oder den Pool auf dem Oberdeck riskiert. Schließlich liegen die Schiffe so nah am Ufer, dass unser Fernweh kaum noch zu bremsen ist. Wir träumen schon vom nächsten Urlaub. Vielleicht auf dem Wasser. Währenddessen machen Matrosen die unfassbar schweren Leinen los und stehen dabei locker und lässig auf der Gangway. Wir denken an Freddy Quinn und an Hans Albers und bilden uns ein, dass die Kölner Luft plötzlich nach Salz schmeckt. Möwen kreisen, doch das ist noch lange nicht alles. Bitte nur kurz den Kopf drehen, und es gibt jede Menge kölsche Zugaben: links die prächtige Hohenzollernbrücke. Auf der anderen Rheinseite das elegante Hyatt und der Rheinboulevard mit seinen strahlend hellen Stufen. Rechts von uns erahnen wir schon den Rheinauhafen, der Duft vom Schokoladenmuseum weht sanft zu uns herüber. Hinter uns wissen wir die vertraute Altstadt und den Heumarkt. Für echte Kölner ein Moment wie an Rosenmontag bei zehn Grad plus und Sonnenschein. Selig schließen wir die Augen und sind einfach nur: GLÜCKLICH. Danke, du liebstes Köln.

TIPP Die Rheinpromenade kann auch mit der Bimmelbahn vom Dom aus angefahren werden.

ÖPNV: Bus 133, Haltestelle Schokoladenmuseum oder Stadtbahn 1, 5, 7, 9, Bus 106, 132, 133, Haltestelle Heumarkt

COLONIA 5

Schatztruhe voller Kleider

29 *Die Boutique „Save the love" in Sülz*

Es gibt ja dieses Sprichwort: „Mode ist die schönste Form einer Stoffwechselkrankheit". Wer die bezaubernde Boutique „Save the love" in Sülz betritt, wird sofort „liebeskrank" sein und strahlt danach erst einmal mit allen glitzernden Schätzen in diesem Laden um die Wette. Frau hat hier ihren ganz persönlichen Tempel für das neue Lieblingskleid gefunden. Man könnte auch einfach sagen: „Hier gibt es die schönsten Mädchensachen." Ein Besuch fühlt sich an wie eine kleine Reise ins Wunderland. Kein Wunsch bleibt offen. Kleider und Röcke aus verschiedenen Stoffen, bunt gemustert und feminin, sowie eleganter Nostalgie-Chic sind im Sortiment. Und natürlich traumhafte Stücke im Retro-Vintage-Stil. Eigentlich fehlen nur noch die roten Schuhe von Dorothy aus „Der Zauberer von Oz". Und wenn die jemand herbeizaubern könnte, dann wäre es Denise Steitz, die die Boutique im tiefsten Herzen von Köln seit 2007 betreibt. Die meisten Stücke sind Unikate, die sie von kleinen und feinen Labels aus Amsterdam, London oder Barcelona liebevoll in die Domstadt holt, und die es wirklich nur hier gibt.

Der ganze Laden strahlt pures Glück aus. Schon allein die mit bunten Perlen besetzten Bügel zaubern uns ein Lächeln ins Gesicht, und der edle Samtvorhang an den Kabinen ist besser als jeder rote Teppich einer Filmpremiere. Hier sind wir der Star und Denise Steitz steht einem wie eine gute Freundin vertrauensvoll und ehrlich zur Seite. Es gibt beim Einkauf Süßes oder ein Getränk, dazu natürlich fachkundigen Rat für jede Kleidergröße. Fest steht in jedem Fall, dass diese Outfits die Blicke auf sich ziehen werden. Egal ob für den Alltag im Büro, für die (Garten)Party oder für den ganz großen Auftritt – hier findet sich für jeden Anlass ein individuelles Sück. Bei der Auswahl werden nur unsere Schokoladenseiten hervorgehoben und das in nur jeder denkbaren Form und Farbe. Man kann gar nicht genug bekommen von all den bunten Stoffen, Accessoires und Taschen (die braucht man immer). Und eine pinkfarbene Bank vorm Geschäft verspricht schon vor dem Einkauf: „Hier geht's zum Glück."

Save the love, Luxemburger Straße 267, 50939 Köln, Tel. (02 21) 58 09 89 89
www.save-the-love.de, Montags geschlossen
ÖPNV: Stadtbahn 18, Haltestelle Sülzburgstraße

Glück beginnt auf dem Rasen

30 *Der Kölner Golfclub*

Wir haben ja schon oft überlegt, ob Golf nicht auch etwas für uns wäre, aber da gibt es diese Vorurteile wie Sport für Reiche, Golfprüfungen und teure Aufnahmegebühren. Doch irgendwann trauen wir uns einfach. Denn der Golfclub in Widdersdorf scheint diese Hemmungen auch zu kennen und hat sich was überlegt: Schnupperkurse gibt es in fast jeder Golfanlage. Macht ja auch Sinn, ist aber nicht wirklich neu. Doch hier im Grünen findet man gesonderte Golfbahnen für Spieler, die weder Platzreife noch Handicap haben und erst recht nicht in einem Club sind, das vielleicht gar nicht wollen. Sogar Tasche und Schläger können geliehen werden. Dieses Modell gibt es sonst nur sehr, sehr selten. Was für ein Glück!

Wir rumpeln erst mal ziemlich unkoordiniert über den Platz, doch nimmt uns das hier keiner übel. Die Philosophie ist nämlich, jeden Spieler mit seinen Möglichkeiten zu fördern. Anfänger- und Aufbaukurs sowie danach die Platzreifeprüfung wären für uns dann die nächsten Schritte. Und sicher realistisch erreichbar. Bis dahin schauen wir voller Bewunderung zu den geübten Spielern rüber. Die Anlage mit zwei 18-Loch-Plätzen ist eine der größten in NRW und – für uns Kölner immer ganz wichtig – nur 8.000 Meter Luftlinie vom Dom entfernt. Für den Fall, dass wir einen Ball mal so gar nicht treffen, hilft sicher auch Beten, aber jetzt geht es erst mal darum, ein Gefühl für die ganze Sache zu entwickeln. Wir haben Spaß, sind an der frischen Luft und laufen richtig viel. Mutti wäre stolz auf uns. Wir müssen uns ganz schön konzentrieren, so ein Golfball merkt schnell, wenn man nicht wirklich bei der Sache ist. Golf fängt ja im Kopf an, und man spielt nur gegen sich selbst. Der Golfplatz ist schön wie ein Park, 30.000 Büsche gehören dazu. Die werden uns hoffentlich verzeihen, wenn der eine oder andere Anfängerball von uns darin landet. Wir sammeln ihn gleich wieder auf – versprochen.

Kölner Golfclub, Freimersdorfer Weg 43, 50859 Köln
www.koelner-golfclub.de
ÖPNV: Bus 145, 962, Haltestelle Bocklemünd WDR

Hier ist nur Musik drin

31 *Der Music Store in Kalk*

In der Kindheit gehörte Hausmusik einfach dazu. Sie machte Spaß und vereinte die gesamte Familie. Blockflöten- und Klavierunterricht oder Üben auf der Geige. Bis der strenge Musiklehrer uns die Koch-AG vorschlug: „Da bist du auch kreativ, das passt besser zu dir." Wir haben uns dennoch nicht entmutigen lassen und einfach weiter musiziert. Und jetzt wünschen sich die Kinder auch ein Instrument. Wie schön. Also auf zum Music Store in Köln Kalk. Eine größere Auswahl an Instrumenten und musikalischem Zubehör findet man nirgendwo sonst. Wir pfeifen bereits vor uns hin. Den Lehrer von damals haben wir längst vergessen. Jetzt geht es ja um den Nachwuchs, wir schaffen das! Im Music Store kann so ziemlich jedes Instrument gekauft oder besorgt werden und vor allem darf man es ausprobieren. Das perfekt sortierte Geschäft versendet auch überallhin: Noten, Musikinstrumente für den Schulbedarf, Equipment für DJs und Profi-Musiker. Hier geht es nur um das eine – die Musik. Vielleicht etwas verstaubt, aber immer noch gültig: „Wo man singt, da lass dich ruhig nieder, böse Menschen haben keine Lieder." Und so ist man hier zu Hobby-Musikanten besonders nett. Wir fühlen uns pudelwohl. Gegründet wurde das Familienunternehmen in den Sechzigern. Heute hilft die jahrelange Erfahrung Musikern in der ganzen Welt. Wir bestaunen im Geschäft einen auf Hochglanz polierten und kostbaren Flügel. Sein Preis könnte als solide Anzahlung für eine Eigentumswohnung dienen. Man weist uns aber sehr freundlich auf gebrauchte Klaviere hin. Wir lächeln dankbar und bestaunen lieber kernige Westerngitarren und eine putzige Ukulele. Und erfahren, dass es sogar einmal im Jahr ein Ukulelen-Festival in Europa gibt. Wir trällern dabei weiter vor uns hin, treffen nicht jeden Ton, aber sind einfach nur glücklich. Es klingt kitschig, stimmt jedoch: Hier liegt einfach Musik in der Luft. Der Familienrat hat noch im Laden beschlossen, dass ein Keyboard angeschafft wird. Hausmusik soll jetzt jedes Wochenende stattfinden.

Music Store Köln, Istanbulstraße 22–26, 51101 Köln
ÖPNV: Stadtbahn 1, 9, Haltestelle Kalk Post oder S 6, 11, Haltestelle Köln-Buchforst (Fußweg jeweils ca. 15 Minuten)

Aus der Zeit gefallen

32 *Die Eventkapelle*

Diese winzige, neugotische Kapelle darf man nicht unterschätzen. Erbaut 1904, hat sie alles erlebt und gesehen. Hat jeden Sturm und jede Großbaustelle in der Nachbarschaft überstanden. Und sie steht hier noch immer fest wie ein Baum: stolz, wunderschön und auf dem gleichen Boden wie bei ihrer Erbauung. Sie musste nie weichen, man hat sich ihr angepasst. Und das im Zentrum eines Industriegebiets, nah am Autobahnkreuz Köln- West, die hektische Dürener Straße direkt vor der Haustür. Man könnte fast meinen, alle Stadtplaner hätten stets Rücksicht genommen auf diesen ganz besonderen Glücksort. Jeder, der vorbeifährt, riskiert einen verwunderten und überraschten Blick. Man sieht ein kleines Fleckchen Glück, das so gar nicht in diese Gegend zu passen scheint. Als wäre die Kirche gut verpackt und vergessen worden, so ein „großartiger" Fehler. Oder war es doch Bestimmung? Denn hier erlebt man, was Beständigkeit ist. Und das seit über hundert Jahren. Und die verschmilzt hervorragend mit der heutigen Nutzung als Eventkapelle. Hier, im weiterhin denkmalgeschützten Bau, finden nun Hochzeiten und Feste aller Art statt, unbeschwerte und fröhliche Feierlichkeiten. Man lässt alles draußen, was stören könnte. Wenn einer weiß, wie das geht, dann dieser magische Ort, da macht ihm keiner was vor. Drinnen ist es himmlisch still, man spürt eine ganz besondere Aura. Zwischen sechzig und achtzig Gäste finden hier auf rund 400 Quadratmetern und zwei Ebenen Platz. 2006 wurde alles liebevoll restauriert. Draußen gibt es sogar eine gemütliche Terrasse – mit viel Grün und absolut null Nebengeräuschen. In der ehemaligen Sakristei findet man eine Küche, und köstliches Catering kann für die Events mitbestellt werden. Ein Hotel ist in Laufweite. Dieser Ort ist gut zu erreichen, da haben es die Besucher von heute besser. Denn früher fanden an Feiertagen aufwendige Prozessionen aus dem Stadtteil Lövenich bis hierher zur Kapelle nach Marsdorf statt. Und das waren immerhin stolze fünf Kilometer Fußweg.

Eventkapelle, Dürener Straße 458, 50858 Köln
www.eventkapelle.de
ÖPNV: Stadtbahn 7, Haltestelle Haus Vorst

eventkapelle.de
eventkapelle.de

Driving home for Christmas

33 *Die Weihnachtsstraße in Sülz*

I am driving home for Christmas – wem wird bei diesem sanften Weihnachtsklassiker von Chris Rea nicht liebevoll warm ums Herz. Das Fest der Liebe steht immer wieder so rasch vor der heimischen Tür. Man ist noch gar nicht richtig in Stimmung, ein bisschen müde von den großen Weihnachtsmärkten in der Innenstadt und mag das eigene Veedel eigentlich nur ungern verlassen. In Sülz hat man gegen diesen Weihnachtsblues ein magisches Rezept gefunden, fast so gut wie selbst gebackene, knusprige Zimtsterne. Hier residiert eine richtig schön funkelnde Weihnachtsstraße. Außerhalb der Adventszeit heißt sie recht gewöhnlich „Hummelsbergstraße", doch wenn es in großen Schritten auf den Heiligen Abend zugeht, schmücken die Nachbarn jedes Jahr die Straße mit rund 25.000 Lichtern. Überall, wo Platz ist – und das schon seit drei Jahrzehnten, so strahlend hell und wunderschön, dass man diesen Zauber bestimmt von hoch über den Wolken sehen kann, besonders bei Dunkelheit. Damit Weihnachtsmann und Rentiere auch ganz sicher den Weg finden. Der Sülzer Postbote auf Erden erkennt die Straße an der hellen, weißen Beleuchtung, denn auf amerikanischen Weihnachtskitsch wird hier bewusst verzichtet. Die Weihnachtsstraße strahlt mehrere Stunden am Tag und auf jeden Fall immer bis Mitternacht. Dafür sorgen die Bewohner, sie haben bereits reichlich Erfahrung gesammelt. Die kleinen und großen Lämpchen werden in jeden verfügbaren Baum, Strauch oder Tanne am Straßenrand gehängt. Man behauptet, Elfen und Christkind (Heinzelmännchen?) würden eifrig beim Schmücken mithelfen. Inzwischen ist diese Sackgasse eine richtige Attraktion geworden, denn die Weihnachtsstraße ist ein winterlicher Traum. Die ganze Nachbarschaft packt mit an, die Türen sind füreinander geöffnet. Es gibt Glühwein, und alle rücken noch näher zusammen, nicht nur, weil es kälter wird. Man mag sich einfach. Hier bitten die Bewohner bei Engpässen nicht um Mehl oder Zucker, sondern fragen, ob der Nachbar mit einer Glühbirne aushelfen kann. Und ein Verlängerungskabel wäre auch gut.

Hummelsbergstraße, 50939 Köln
ÖPNV: Stadtbahn 18, Haltestelle Arnulfstraße

Der Dom, die Kerze und ich

34 *Die Glückslichter im Kölner Dom*

Eine Kerze im Kölner Dom anzünden – das klingt erst einmal nach Klassen- oder Pilgerfahrt. Doch sollte man das nicht viel öfter machen? Eine Kerze anzünden. Einfach so spontan. Auf dem Weg zum Bahnhof, nach der Arbeit oder während eines Stadtbummels? Vielleicht gerade dann, wenn man wenig Zeit hat. Dabei kann man so schön innehalten und zur Ruhe kommen. Hunderte von Kerzen werden täglich im Dom angezündet. Dieses Kerzenmeer hier ist einer der schönsten Glücksorte in Köln – wenn nicht sogar auf der ganzen Welt. Und wir sind mit unserem kleinen, funkelnden Teelicht mittendrin. Durch den Haupteingang an der Domplatte geht es erst mal durch eine ziemlich unscheinbare Glastür, doch die kleinen Lichter begrüßen einen sofort aus der Dunkelheit heraus: ein Gänsehaut-Moment. Hat man sein Teelicht ausgewählt, überlegt man als gut organisierter Mensch natürlich zuerst, wo wohl der perfekte Platz auf der Kerzenpyramide ist. Schließlich möchten wir die Kerze optimal platzieren. Traut man sich, sein Licht auf eine erloschene Kerze zu stellen? Wem hat die wohl gehört und welche Lebensgeschichte steckt dahinter? Vielleicht hat hier jemand Rat gesucht? Oder sich einfach nur am Leben erfreut. Menschen aus aller Welt, fremde Sprachen und viele fröhliche Gesichter, Besucher mit Rucksäcken und Taschen umgeben mich. Für eine Kirche herrscht hier im Eingangsbereich richtig viel Trubel, aber das stört keinen. Niemand schubst oder drängelt, denn alle haben das gleiche Ziel: Friedlich eine Kerze anzünden, entweder für sich selbst oder für andere. Man darf auch gerne noch etwas länger auf einer der Kirchenbänke sitzen bleiben. Es ist nicht wichtig, ob ich mir danach noch den Dom anschaue oder wieder in meinen hektischen Alltag verschwinde. Hier gibt es heute keine Fleißkärtchen abzuholen. Doch für einen kurzen Moment wird meine Welt hell an diesem einzigartigen Glücksort. Ich strahle. Man ist angekommen in der Domstadt, jeder auf seine Weise. Und hier bei den Kerzen ist jeder „'ne echte Kölner".

TIPP

Werde Mitglied im „Zentral-Dombau-Verein". Man bekommt Zugang zu Führungen und Dom-Patenschaften, www.zdv.de.

Kölner Dom, Domkloster 4, 50667 Köln. Spende für Kerzen bitte nicht vergessen

ÖPNV: Stadtbahn 5, 16, 18, Haltestelle Dom/Hauptbahnhof

UBI ANTEA STABAT HUC TRANSLATUM
ANNO PACIS MCMXX.
CORPORA SANCTORUM RECUBANT HIC TERNA MAGORUM
EX HIS SUBLATUM NIHIL EST ALIBIVE LOCATUM
KERZEN-OPFER
für die
MUTTER GOTTES

Ein ganz feiner Zug

35 *Fahrt mit der Bimmelbahn*

Fast jeder Kölner oder Besucher der Domstadt hat die grün-gelben Züge der Bimmelbahn mit der prachtvollen Minilok und der lustigen Wagenkolonne schon gesehen, wie sie fröhlich lächelnde Besucher herumfährt, denen man automatisch zuwinkt. Die Bahn ist von weitem zu hören. Klingeling – ein besonderer Glücksmoment wartet auf die Fahrgäste. Dieser Ausflug erinnert irgendwie an Kindheit, Jahrmarkt und Zuckerwatte, also kurz und zufrieden die Augen schließen, bevor es losgeht. Obwohl, die Fahrt zwingt einen auch ein bisschen in die Langsamkeit. Denn diese kleine Bahnreise ist besonders etwas für Menschen, die nicht so gut zu Fuß sind. Man selbst nimmt die Beweglichkeit im Alltag ja oft etwas zu selbstverständlich und eilt flott durch die Gegend, sogar in der Freizeit. Das wollen wir ändern. Diese Fahrt startet zum Beispiel am Dom. Eine weitere Route führt bis zum Schokoladenmuseum und vorbei an den Schiffsanlegern am Rheinufer. Die Besucher sehen Kölner Kirchen oder den immer wieder glücklich machenden Heumarkt. Vor allem der „Schoko-Express" ist etwas Besonderes. Auch für die Kölner selbst. Plötzlich erstrahlen die Dinge in einer ganz anderen Perspektive, als wenn man zu Fuß unterwegs wäre. Denn die Menschen machen gerne Platz für diesen kleinen und liebenswerten Treck mit lustiger Hupe. Eine Rundfahrt dauert etwa 45 Minuten. Zur Weihnachtszeit dampft ein Sonderzug durch die Stadt und fährt die Besucher zu den berühmten Märkten in ganz Köln. Ein- und Aussteigen ist jederzeit möglich. Es gibt den fahrenden Glücksort also für alle Jahreszeiten. Und in Köln wird nichts und niemand vergessen. Deshalb startet die Bimmelbahn regelmäßig in Richtung Schäl Sick. Dabei stehen die Haltestellen Zoo, Flora, Seilbahn und natürlich der Botanische Garten auf dem Fahrplan. Und man berichtet von Besuchern, die bei der Ankunft gleich zur nächsten Route gewechselt sind. Andere haben auch schon mal ein kleines Nickerchen gemacht. Diese Bimmelbahn weiß eben, was es heißt, einen Gang zurückzuschalten.

Kölner Bimmelbahn, Tel. (02 21) 70 99 97 0
www.bimmelbahnen.de

ÖPNV: Stadtbahn 5, 16, 18, Haltestelle Dom/Hauptbahnhof oder Stadtbahn 1, 5, 7, 9, Bus 106, 132, 133, Haltestelle Heumarkt

MUSON-RIVER
1894

Hier isst man sich gesund

36 *Kleiner und feiner Wochenmarkt in Weiden*

Dieser idyllische Wochenmarkt in Weiden hätte es wirklich verdient, für ein üppiges und farbenfrohes Gemälde Modell zu stehen. So bunt sind die Früchte, so opulent ist das Angebot an knackigem Gemüse. An den Ständen gibt es goldgelben Honig in Gläsern (nicht in der Plastikflasche) und Milchprodukte, denen nicht künstlich das Fett entzogen wurde. Die Eier kommen von Hühnern, die fast in der Nachbarschaft wohnen. Zweimal in der Woche (Mittwoch und Samstag) erwacht der kleine Platz in dem anheimelnden Wohngebiet voller Begeisterung zum Leben und freut sich auf die vielen Besucher, die meist schon seit „immer" hierherkommen. Ab sieben Uhr ist geöffnet, und viele Kunden nutzen die frühe Stunde für ein gesundes Frühstück. Besser kann der Tag nicht beginnen. Natürlich erledigen viele Menschen pflichtbewusst ihren Einkauf, aber ein reiner Bummel kann auch sehr schön sein. Die Gegend ist eine kleine Oase mit vielen Altbauten, die den Platz harmonisch umgeben. Man trifft immer ein bekanntes Gesicht oder kommt mit den unfassbar netten Verkäufern ins Gespräch. Hinfahren und sofort glücklich sein, so geht das. Der kleine Markt ist richtig was fürs Auge und nicht nur das. Man kann es nämlich kaum abwarten und hat schon in den saftigen Boskop-Apfel gebissen, während die Marktfrau noch das Wechselgeld herausgibt. Auf Erdbeeren und Spargel im Winter kann man gut verzichten, besonders wenn es so tolle feste und vor allem regionale Karotten gibt, mit üppig Grün dran. „Zusammen mit Ingwer in den Entsafter und fertig ist der beste Erkältungsschutz", erklärt uns ein Bauer. Das gilt auch für einen tiefvioletten Rotkohl. Dieses einheimische Gemüse gilt ja bereits seit dem Mittelalter auch als Medizin. Man sollte unbedingt ein paar frische Blumen mit nach Hause nehmen, besonders wenn man an einem Mittwoch hierherkommt. Dann nämlich ist die Vorfreude auf den nächsten Markt umso größer. Das sind dann nur noch drei Tage.

TIPP

Doppelte Freude: Der Markt ist ganz nah am Glücksort „Bahnstraße"

Wochenmarkt Weiden, Emil Schreiterer Platz, 50858 Köln, 7 bis 13 Uhr

ÖPNV: Stadtbahn 1, Haltestelle Weiden Zentrum oder S 19, Haltestelle Lövenich

Warum in die Ferne ...

37 *Autofahrt von Düsseldorf nach Köln*

Was ist das Beste an Düsseldorf? Natürlich die Rückfahrt nach Köln. Dieser Kalauer hat den berühmten langen Bart, und die Düsseldorfer können ihn auch nicht mehr hören. Aber ein bisschen was ist schon dran, das trifft zumindest auf die Beschilderung für die Rückfahrt von Düsseldorf nach Köln zu und gilt besonders für Autofahrer, deren natürlicher Orientierungssinn nicht ganz optimal ist. Schließlich ist das mit dem Navi und der Technik ja oft so eine Sache. Nach einer recht stressigen Fahrt durch die Düsseldorfer City orientiert man sich also Richtung Rhein. Da sind endlich die Schilder für die Autobahn, nun muss man irgendwann rechts abbiegen. Dieser enorm wichtige Moment darf nicht verpasst werden. Und dann ist es doch (fast) wieder passiert. Das machen die hier wohl mit Absicht. Die Beschilderung für die A57 in Richtung Köln kommt einfach zu spät, ist nur klitzeklein lesbar und liegt gemeinerweise in einer Kurve. Fast könnte man glauben, die Düsseldorfer wollten einen doch hierbehalten. Man hört häufig auch von anderen Städten, dass es da so ewig währende Fehden gibt. Auch Magdeburg und Halle sollen sich nicht ganz grün sein. Dabei gibt es dort nicht einmal den Karneval. Düsseldorf hat immerhin ein Karnevals-Kaufhaus, da fahren wir gerade dran vorbei. Wo gibt es eigentlich den besseren Karneval, in Köln oder in Düsseldorf? Egal, man ist erst mal dankbar über diesen vertrauten Orientierungspunkt. Und widmet sich weiter der Rückfahrt. Gleich geht es über den Rhein. Dann kommt die Josef-Kardinal-Frings-Brücke, und da ist auch schon die Autobahn. Auf der anderen Straßenseite ist ein wirklich fies ausgerichteter Blitzer, eine ganz böse Falle bei der Ankunft in Düsseldorf. Blitzt der eigentlich nur Kölner? Egal, an uns soll es heute nicht liegen. Wir sind extra langsam unterwegs und voller Vorfreude auf unser Zuhause. Und es ist doch schön zu wissen, dass der Weg von Köln für die Düsseldorfer extrem gut ausgeschildert ist. In unserer Domstadt ist schließlich keiner nachtragend: „Mer muss och jünne künne."

52
Mönchengladbach
Krefeld
Neuss
D-Oberkassel
Wuppertal Köln
Essen Oberhausen
Rheinterrasse
Kulturzentrum-Ehrenhof
GRN
ZOO

Das Gelbe vom Ei

38 *Gesundes und Schönes vom Gut Clarenhof*

Fast immer, wenn man das Gut Clarenhof besucht, gibt es neue Naturwunder zu bestaunen. Wie die vielen prachtvollen Felder, die harmonisch mit dem Hof verschmelzen. Das Gut hat sich im Laufe der Jahre zu einer grünen Oase in der Großstadt entwickelt. Doch auch Glücksorte brauchen Platz zum Wachsen. Sie wechseln öfter mal das Äußere, aber die Seele bleibt immer gleich. Das ist wie mit den Jahreszeiten. Und denen ist man hier „draußen" ganz nah. Da braucht es nicht einmal einen Kalender. Die Äcker geleiten uns mit ihrer fruchtbaren Pracht durch die Monate. Wir genießen endlose rosa und orange Tulpenfelder ebenso wie die biologisch-natürlich angebauten Erdbeeren mit den dunkelroten, kugelrunden und saftigen Früchten. Selber pflücken ist absolut erwünscht. Gerne mit ganz viel Erde an den Händen. Die Spargelernte wird auf diesem Hof immer ganz besonders sehnlichst erwartet. Alle Produkte werden hier vor den Toren der Stadt angebaut. Knallgelbe Sonnenblumen und richtig dicke Kürbisse läuten so ganz langsam das Ende des Erntejahres ein. Man freut sich schon wie ein Kind auf die duftenden grünen Weihnachtsbäume, die beim Gut Clarenhof auch selbst geschlagen werden können. In dieser ländlichen Idylle fühlt man sich einfach gut aufgehoben, wie in einem bunten Bilderbuch oder Gemälde. Und die Erzeugnisse im Hofladen geben einem das Gefühl, für sich selbst etwas richtig Gutes zu tun. Genauso geht es einem mit dem Selber-Pflücken. Doch das Glück ist teilbar und kommt sogar in die Stadt. In Ehrenfeld gibt es einen weiteren Hofladen. Fleißige Helfer sorgen für einen reibungslosen Austausch zwischen den beiden Geschäften. Klingt alles nach der guten, alten Zeit, nur Pferd und Wagen bleiben inzwischen zu Hause. Obwohl, auf dem Gut wurden auch schon Esel gesichtet. Ein Besuch ist mehr als ein Einkauf. Gerne etwas mehr Zeit einplanen, besonders, wenn der Weihnachtsmarkt aufgebaut ist. Was für ein herrliches Ziel für einen Familienausflug am Wochenende – gemeinsam einen neuen Glücksort entdecken.

TIPP
Kinder sind hier besonders willkommen

Gut Clarenhof, Gut Clarenhof 1, 50226 Frechen

ÖPNV: Stadtbahn 1, Haltestelle Weiden West (nur wenige Schritte entfernt)

Hofladen

Ein Teil vom Leben

39 *Der Melaten-Friedhof*

Der Melaten-Friedhof ist nicht nur für Touristen etwas Besonderes, sondern auch für die Einheimischen. Weil er so untrennbar zum Leben dazugehört und doch eine Brücke in die Vergangenheit schlägt. Jeder verspürt hier den unbedingten Wunsch, etwas über die würdevolle Stätte zu erfahren, schließlich ist dieser Friedhof einer der ältesten in Deutschland. Die Größe und die Schönheit der Gräber sind beeindruckend. Man besucht hier oft Menschen, um die man getrauert hat, ohne sie persönlich gekannt zu haben, wie zum Beispiel Guido Westerwelle, Dirk Bach oder Willy Millowitsch. Und fast jeder hat Familie, Freunde oder Nachbarn, die „auf Melaten" beerdigt wurden. Man freut sich über den Gedanken, dass die Liebsten an so einem historisch bedeutenden Ort ruhen. Beerdigungen auf diesem Friedhof empfindet man daher als besonders würdevoll und feierlich. Und da der Kölner ja immer sehr direkt ist, entsteht oft schon zu Lebzeiten der Wunsch, hier später einmal ein Grab zu bekommen, weil man dann immer noch ein Teil des alltäglichen Lebens ist. Der Melaten-Friedhof ist nämlich nicht abgeschnitten von der Stadt, sondern mittendrin und fest verwurzelt. Es gibt eine eigene Straßenbahnhaltestelle, und das Gelände erstreckt sich über mehrere Straßenblocks. Eine Backsteinmauer umrundet diesen Ort sanft und friedlich, aber sie schottet ihn nicht ab. An einem der Eingänge in Ehrenfeld sind in unmittelbarer Nähe das Barthonia-Forum, ein Baumarkt, Schulen und Kindergärten. Die Alltagsgeräusche erfüllen die Luft mit Leben. Und so nehmen die Köln-Bewohner gerne einen kleinen Umweg über den Friedhof in Kauf. Denn Melaten bedeutet nicht nur Tod, sondern vor allem auch Ruhe und Hoffnung. Man verweilt, hält inne und lässt sich von der friedvollen Atmosphäre betören, die es nur hier gibt. Und so wirkt die bemooste Statue eines Sensenmanns nicht bedrohlich oder wie ein Tabu, sondern ist ein gelebter Teil im Melaten-Friedhof, einem der schönsten Orte unserer geliebten Domstadt.

Melaten-Friedhof, Aachener Straße 204, 50931 Köln
ÖPNV: Stadtbahn 1,7, Haltestelle Melaten

So buchstabiert man Glück

40 *Schreibkultur und Papeterie „Ortloff"*

Es ist schon eine Weile her, dass mit einem Füller geschrieben wurde. Hat man das im Erwachsenenleben überhaupt schon einmal getan? Ein Kuli mit Werbung liegt immer irgendwo herum, und es kam schon vor, dass man später die eigene Handschrift nicht mehr entziffern konnte. Das muss anders werden. Im Traditionsgeschäft „Ortloff" gibt es alles, was mit Papier und Schreiben zu tun hat – und das seit 1923. In einer leuchtenden Vitrine stehen kunstvoll geschwungene Füller, und dazu gibt es gleich ein Tintenfass in der edlen Farbe „Moosgrün". Völlig hingerissen darf man das Schreibgerät ausprobieren und ist begeistert von der eigenen Handschrift, die nun richtig elegant aussieht. Im Laden ist man auch gerne beim Verfassen von Liebesbriefen behilflich. Hat man sich wirklich nicht verhört? Das ist ja, wie auf einer weichen Glückswolke zu landen. Und so fühlt sich bei „Ortloff" sogar das Papier an. Das gibt es in jeder nur denkbaren Farbe und mit einer Struktur, die an eine feine Damastserviette erinnert. Darauf würde man nie eine flüchtige Notiz mit Kugelschreiber kritzeln. In Gedanken ist der Liebesbrief bereits fertig – das wird eine Überraschung zu Hause. Wie damals der digitale Familienkalender, der den Alltag so viel einfacher macht. Obwohl, hier gibt es einen Tischkalender mit einem so schönen Umschlag, dass er glatt als Bildband durchgehen könnte. Der würde sich auf dem Wohnzimmertisch gut machen. Und keiner kann sagen, er habe die digitale Einladung für den Besuch bei Tante Hedwig nicht bekommen. Fast schon hat man auch den guten alten Karteikasten vergessen. Der erlebt in der Papeterie seit Jahren einen zweiten und dritten Frühling, so schön pastellfarben sind die Kästen aus ganz leichtem Material. Und wer sich nicht mehr mit kleinen Kärtchen befassen möchte, packt einfach seine liebsten Erinnerungsstücke hinein: Muscheln oder eine alte Münze als Glücksbringer für die ganz persönliche Schatzkiste. Und die wird gleich mit dem neuen Füller beschriftet: *Erinnerung an einen wunderschönen Tag.*

TIPP Es gibt auch Kreativ-Workshops hier. Einfach mal ausprobieren!

Ortloff, Zeppelinstraße 4, 50667 Köln
www.ortloff.de
ÖPNV: Stadtbahn 1, 3, 4, 7, 9, 16, 18, Bus 136, 146, Haltestelle Neumarkt

Bindewerk
Bindewerk
BINDER LABELS
Bindewerk
Schreibhefte

Mit allen Wassern gewaschen

41 *Die Waschräume im Café Reichard*

Über das Café Reichard wird ständig getuschelt. Doch nicht über schlechten Service oder die Kuchen und Speisen. Da ist alles mehr als perfekt. Hier geht es um die spektakulärsten Waschräume von ganz Köln. Die müssen Sie sich unbedingt anschauen. Es lohnt sich. Blumen, asiatische Ornamente und viele weiche Handtücher erinnern eher an einen Wellness-Tempel. Der Wasserhahn reagiert auf einen feinen Sensor. Und das Highlight sind ganz klar die gläsernen Toilettenkabinen. Darüber spricht jeder, wenn der Name des Cafés fällt. Bei diesen WC-Kabinen ist Magie im Spiel. Sie machen den Besucher beim Abschließen unsichtbar. Und leuchten dann in wunderschönen Farben durch eine Milchglasscheibe. Doch auch oben im Café Reichard gibt es so etwas wie eine Glücksgarantie. Allein schon, weil das Lokal so wunderbar zentral liegt. Einfach vom Dom kommend ein kleines Treppchen runter, und schon ist man da. Jetzt ist man erst mal angekommen und sucht sich auf der Karte einen köstlichen Apfelstrudel aus. In Gedanken ist man aber noch immer bei dem faszinierenden Toilettenbereich. Doch da wartet schon die nächste Überraschung. Praktisch ohne Vorwarnung und so nah, als säße er mit am Tisch, sehen wir den Dom. Diese atemberaubende Aussicht durch die Panoramafenster ist einzigartig. Gefühlt ist das Wahrzeichen von Köln weniger als einen Meter entfernt. Oder wurden Dom und Café Reichard etwa wie eine Doppelhaushälfte Wand an Wand gebaut? Besser gar nicht weiter über technische Details nachdenken, sondern einfach nur den Moment genießen. Und sich überwältigen lassen von der Schönheit der Kathedrale, die einem nun beim Essen Gesellschaft leistet. Hier gibt es die leckersten Suppen überhaupt. Die sind besonders im Winter perfekt zum Warmwerden. Und bei gutem Wetter kann man auf der großen Terrasse sitzen. Das alles wissen Gäste und Bewohner der Domstadt seit 1905 zu schätzen. Allerdings gab es da noch nicht die stilvollen Toilettenräume.

TIPP

Unter dem Café werden für den WDR Töne für das Programm aufgenommen.

Café Reichard, Unter Fettenhennen 11, 50667 Köln
Reservierung Tel. (02 21) 2 57 85 42
ÖPNV: Stadtbahn 5, 16, 18 Haltestelle Dom/Hauptbahnhof

Das Glück nach Hause holen

42 *Die Visagistin Niki Stephanus*

Es gibt ja richtig schlimme Hochzeitsunglücke. Nicht solche, wo es den ganzen Tag regnet oder Schwiegervater und Bräutigam in heftigen Streit geraten, sondern jene, wo Frisur und Schminke der Braut eher an Vogelnest und Clown erinnern. Und keiner sich traut, das anzusprechen. Der Figaro des Vertrauens hatte es einfach zu gut gemeint. Die Braut weinte, die Freundinnen holten den Lockenstab heraus. Das traurige Ergebnis ist noch Jahre später auf allen Fotos festgehalten. Warum bloß hat man keinen Profi engagiert? Wie die Visagistin Niki Stephanus. Sie verwandelt unser Zuhause in einen wahren Glücksort und weiß schon an der Haustür, welcher Lidstrich für die Kundin der richtige ist. Den passenden Nagellack bringt sie ebenfalls mit. Man sitzt entspannt im heimischen Sessel, und die Make-up-Künstlerin schminkt die Lippen mit einem zarten Pinsel. Das Rouge passt nun genau zum Teint. Kleine und große Unebenheiten verschwinden, Augenringe hat es nie gegeben. Die Quaste gleitet mit perfekt geschulten Bewegungen über das Gesicht. Frau darf nicht zu viel grinsen vor Glück, schließlich wird hier gearbeitet. Jeder hat ja die berühmte Schokoladenseite, die wird nun dezent betont. Auch der Gatte schaut bewundernd ins Zimmer. Frau Stephanus ist seit Jahrzehnten Make-up-Artist für Beauty und Fashion. Sie hat unzählige Models, Schauspieler und Stars auf der ganzen Welt geschminkt und frisiert. Es gibt kaum ein Plattenlabel, das noch nicht mit ihr gearbeitet hat. Viele Stars bestehen darauf, nur von ihr gestylt zu werden. Niki Stephanus arbeitet auch für Klienten, die nichts mit dem Showgeschäft zu tun haben, schminkt sie für eine Feier oder den Valentinstag. Abgerechnet wird nach Stunden, und das zu sehr fairen Preisen, die man sich gut leisten kann. Die Maskenbildnerin hilft auch, das richtige Kleid zu finden. Schließlich muss es ja mit dem Look harmonieren und darf keine Konkurrenz sein. Das ist eher etwas für die bösen Stiefschwestern von Aschenputtel. Doch in unserem Märchen heute fließen keine Tränen und wenn, dann nur vor Freude.

TIPP

Niki stellt auch himmlische Seifen, Yoga- und Wellness-Kleidung her.

Niki Stephanus, Tel. (0172) 2 52 69 80
www.nikiandnature.de

Niki Stephanus
Hair & Make Up

Nicht ohne meine Freundin

43 *Ein Bummel über die Ehrenstraße*

Für die meisten Kölnerinnen steht spontan fest, dass die Ehrenstraße auf jeden Fall ein goldrichtiger Glücksort ist. Wegen der besonders schönen Geschäfte mit ausgefallenen Sachen, die man nur hier findet. Doch war es das schon? Braucht man zum wahren Glück nicht noch ein bisschen mehr? Deshalb besucht man die Ehrenstraße in der Innenstadt am besten mit der Lieblingsfreundin. Um ehrlich zu sein, das ist das Schönste an diesem Bummel. Das Sahnehäubchen obendrauf und gleichzeitig ein wunderschönes Ritual für das Wochenende. Gemütliches Shoppen mit dem Gatten? Einfach undenkbar. Bereits nach wenigen Schritten schmerzt ihm der Rücken, und er jammert, wenn wir zu lange in einem Laden sind. Und dann ist er da, der flehende Dackelblick: „Darf ich mal kurz in den Computerladen?" Mit meiner Freundin ist das alles ganz anders. Wir sind ausdauernd und laufen diese Glücksstraße an einem Samstag auch schon mal mehrfach rauf und runter, egal, wie voll es ist. Und – wir haben keine Geheimnisse voreinander, zwischen uns gibt es keinen Wettbewerb. Ein solcher Stadtbummel ist einfach unsere Mini-Auszeit. Weil wir schöne Dinge lieben. Das können Jeans, Parfüm oder auch edles Kochgeschirr sein. Hier auf der Ehrenstraße findet man alles. Nur hat es immer den Hauch von etwas Besonderem. Man weiß, dass man sich etwas Gutes tut. Dazu muss die Einkaufstüte am Ende gar nicht prallvoll sein. Es geht mehr um den Moment, entspannt zu schlendern – und das zusammen mit Freundin, Mutter oder Tochter. Die Kleidergröße ist zweitrangig, und bei Schuhen sind wir schon vor Jahren auf flachere Modelle umgestiegen. Das heißt ja nicht, dass man ein paar High Heels mit knallrotem Seidenband und Strass nicht mal anprobieren könnte. Nicht jedes Kleidungsstück muss funktional sein. Und heute wollen wir auch ein bisschen träumen. Und die tolle Duftkerze aus einem der fantastischen Einrichtungsläden macht uns glücklich. Von der haben wir sogar jeden Tag was. Das findet unsere Freundin ebenfalls und kauft sich die gleiche Kerze.

TIPP Das Willy-Millowitsch-Denkmal ist nur wenige Schritte entfernt.

Ehrenstraße, 50672 Köln
ÖPNV: Stadtbahn 1, 3, 4, 7, 9, 16, 18, Bus 136, 146 Haltestelle Neumarkt

Tamaris
CAMPER
K BM 500

Wellness unter alten Linden

44 *Erholung im Schlosspark Türnich*

Diese atemberaubende und luftige Lindenallee macht ihrem Namen alle Ehre. Sie ist 300 Meter lang, wurde mit 111 Linden bepflanzt und das bereits im Jahr 1873. Da entstand der verwunschene englische Landschaftspark um Schloss Türnich. Man fühlt sich wie in einem Märchenfilm. Die Gartenarchitekten hatten damals schon ein ganz besonders glückliches Händchen. Sie wollten die Menschen nicht nur zum Lustwandeln einladen, sondern ihnen auch seelische Entspannung bieten. Da die Allee einer gothischen Kathedrale nachempfunden ist, gibt es sogar ein historisches Labyrinth und ein Lindenbaptisterium. Dieser Waldpark, der seit Generationen den Grafen von und zu Hoensbroech gehört, umfasst 15 Hektar. Die Familie besitzt zudem auch das prachtvolle Barock- und Wasserschloss Türnich (erbaut 1757), ein vom Park umschlossenes, anmutiges Juwel historischer Baukunst. Die Bäume und Pflanzen im Landschaftspark sind seit Jahrhunderten so angeordnet, dass sie als eine zusammenhängende Einheit zu betrachten sind. Mit dem Ziel, den Geist der Besucher zu verwöhnen und ihn bei Bedarf auch zu heilen. Steine mit mystischen Symbolen tragen zum Wohlbefinden bei. Man vermutet, dass es eine energetische und kraftvolle Verbindung zwischen dem Park und der Schlosskapelle gibt. Bei Führungen erläutert Graf Godehard, wie die Grünflächen teils nach historischen Plänen restauriert wurden. Dieses Wissen wurde immer innerhalb der adeligen Sippe weitergereicht. Er selbst betreibt beim Schloss einen großen ökologischen Obstgarten, der streng nach den Richtlinien der Demeter-Landwirtschaft ausgerichtet und vollkommen mit der Natur im Einklang ist. Im 100% Bio-Café glücklich machenden Kuchen aus hauseigenen Zutaten naschen oder feine herzhafte Gerichte der beiden Spitzenköche genießen. Am Sonntag gibt es sogar einen Bio-Brunch. Und dabei lohnt sich auf jeden Fall ein Blick in jene Schlosskapelle, die den Menschen schon so lange Kraft gibt. Die dankbaren Besucher verlassen die Schlossanlage glücklich und richtig gut gestärkt. Wie sagte die Oma früher: „Müde und satt, wie schön ist datt."

Schloss Türnich, 50169 Kerpen
www.schloss-tuernich.de
Der Eintritt in den Park ist kostenlos
ÖPNV: Bus 911, 944, 955, Haltestelle Kerpen, Türnich Nußbaumallee

Und es gibt ihn doch

45 *Der Spatz vom Wallrafplatz*

Jeder, der zwischen 1960 und 1970 aufgewachsen ist, denkt beim Wallrafplatz nicht automatisch an den Journalisten Günter Wallraff, auch nicht an den WDR oder das Funkhaus Wallrafplatz, sondern – die Vermutung ist goldrichtig – die Menschen denken sofort an ihn. Man kann uns nachts wecken, und wir sagen wie aus der Pistole geschossen: „Der Spatz vom Wallrafplatz". Und meinen damit jenen kleinen Vogel, der im WDR bis Anfang der 1970er Jahre die Gegend an einem der berühmtesten Plätze in Köln erkundete. Man munkelt, bei den Dreharbeiten seien die Schaulustigen einfach nicht mehr zu bändigen gewesen. Aber, wie immer, alles im Leben hat seine Zeit. Und jetzt ist man erwachsen und kommt immer noch gerne hierher, zum Wallrafplatz. 123 Meter soll er lang sein. Als Kind kam er einem riesig vor. Natürlich hat man die Eltern angebettelt, hier gemeinsam nach dem „Spatz" zu suchen. Ruhiger ist die Gegend seitdem nicht geworden, aber es ist ein schönes Gewusel aus Dombesuchern, Touristen und Kölnern. Man sollte sich ruhig ein paar Minuten Zeit nehmen und sich auf die Bank setzen, welche die große alte Platane umrundet. Jetzt die Augen schließen, kurz mal nicht auf die Uhr schauen, dann nimmt man die Lieder der Straßenmusikanten ganz anders wahr, und der Fuß wippt automatisch mit. Und das alles an einem Montag, kurz vor der Arbeit. Jetzt aufstehen und sich einmal im Kreis drehen, dabei weiter auf die innere Stimme hören. Es gibt kaum einen Fleck in Köln, von wo aus man so viel Spannendes sehen und hören kann, ohne sich einen Zentimeter bewegen zu müssen. Genießen Sie einfach: den Dom mit seiner Platte davor, den Beginn der Hohe Straße, Zugänge zu „Domkloster" und „Unter Fettenhennen". Da präsentieren sich Jahrhunderte Stadtgeschichte. An einem der Schaufenster ist eine Werbung für Kölnisch Wasser zu sehen, verfasst in japanischen Schriftzeichen. Das Hier und Jetzt hat uns wieder. Doch Moment mal: Kam da aus dem alten, verschwiegenen Baum nicht ein ganz leises Piepen? Es klang tatsächlich wie ein Spatz.

Wallrafplatz, 50667 Köln
ÖPNV: Stadtbahn 5, 16, 18, Haltestelle Dom/Hauptbahnhof

WIEGAND
SWAROVSKI
LONGCHAMP

Expedition Glücklichsein

46 *Abenteuer bei Globetrotter*

Es wäre ein Jammer, wenn man zu Globetrotter in die Kölner City nur käme, um nach einer warmen Jacke zu schauen. Unsere Mutter sagte früher, dass wir jetzt einen Anorak kaufen gehen. Die gibt es hier auch und sicher wesentlich schicker, als wir das damals kannten. Doch bereits nach wenigen Minuten überlegen wir, ob eine Expedition zum Nordpol nicht auch etwas für uns wäre. Sogar Essen in kleinen Beuteln gibt es hier dafür. Oder doch eine Kanutour auf dem Amazonas? Hierzu kann man im Erdgeschoss schon einmal auf einem kleinen See üben. Und wer mag, kann sich am Bungee-Seil vom oberen Stock herunter abseilen. Wir kommen uns vor wie in einer anderen Welt. Wann ist endlich wieder Urlaub. Wer es ruhiger mag, schaut aus der gemütlichen Kaffee-Ecke zu oder stöbert in Reiseführern und Landkarten. Sogar ein Reisebüro gibt es hier. Dieser Ort rüttelt den Abenteurer in uns hellwach. Dazu brauchen wir weder Expedition noch Ehrgeiz. Der Gedanke, für den nächsten Familienausflug gut gerüstet zu sein, reicht vollkommen. Einfach zusammen draußen mal was anderes machen. Das kann schon mit einer warmen Mütze losgehen, die mal nicht über die Augen rutscht. Oder wir holen uns einen richtig guten Rucksack, in den packen wir das Camping-Geschirr für die nächste Wanderung in die Eifel. Plötzlich ist es da, dieses Kribbeln und ganz viel Vorfreude. Extremabenteurer Rüdiger Nehberg stellte in diesem Laden schon vor Jahrzehnten seine Ausrüstung zusammen. Hier ist man definitiv mit der Zeit gegangen. Das Feuer der Begeisterung ist nie erloschen. Deshalb ist dies ein Glücksort, und wir machen in den luftigen Räumen mit ganz viel Energie einen Mini-Urlaub. Mit-Besucher lächeln uns an, jeder plant etwas besonders Schönes. Die Verkäufer nehmen einen richtig ernst, auch, wenn die Fahrt mit dem Rad uns nur zur Arbeit bringt. Selbst dafür kann das Regenzeug nicht wetterfest genug sein. Und wer weiß, vielleicht radeln wir eines Tages damit sogar bis nach Turku. Das ist nämlich die finnische Partnerstadt von Köln.

Globetrotter, Richmodstraße 10, 50667 Köln
www.globetrotter.de
ÖPNV: Stadtbahn 1, 3, 4, 7, 9, 16, 18, Bus 136, 146, Haltestelle Neumarkt

Duftende Grüße aus Fernost

47 *Der „Heng Long Asia Supermarkt" in Lindenthal*

Jeder wünscht sich zum Kochen Zutaten, die möglichst authentisch zum Gericht passen, doch oft macht der Hobbykoch viel zu viele Kompromisse. Das hat nichts mit dem Budget zu tun. Man nimmt sich vor, richtig gut asiatisch zu kochen und sucht im Supermarkt doch wieder vergeblich die leckere Hoisin-Sauce. Die darf im Rezept einfach nicht fehlen. Da gibt es bei deutschen Gewürzen keinen richtigen Ersatz für. Das gleiche gilt für die authentische asiatische Pflaumensauce, die so hervorragend zu knuspriger Ente passt. Wir müssen nur an deutsches Brot denken, das wir im Urlaub oft so schmerzlich vermissen. Auch da isst der Tourist oft nur die traurige Kopie eines kernigen Schwarzbrots. Doch ab jetzt bringen wir neuen und frischen Schwung in die Asia-Küche zu Hause. Und deshalb empfiehlt sich unbedingt ein Besuch im „Heng Long Asia Supermarkt" in der Aachener Straße (direkt gegenüber vom Melaten-Friedhof). Unzählige Produkte aus China, Japan, Thailand oder Korea werden hier angeboten. Der Laden wurde vor knapp zwanzig Jahren eingeweiht und beliefert auch Restaurants. Bei der Kundschaft vor Ort herrscht ein ständiges Kommen und Gehen, und alle reihen sich glücklich ein in diese fernöstliche Genussfreude. Die positive Stimmung hier überträgt sich schnell. Im Laden muss kein Verkäufer lange überlegen, wie Wasabi aussieht (giftgrün) und ob Duftreis auch im Kochbeutel zubereitet werden kann (besser nicht, denn das Festmahl soll ja ein gutes Ende nehmen). Das Personal ist hier an der „Aachener" eher damit beschäftigt, den Kunden zu erklären, wie man einen Wok richtig benutzt. Das ist nämlich so eine Sache. Klar könnte man ein köstliches Phad Thai auch in der Pfanne zubereiten, aus der es sonst die leckeren Frikadellen gibt. Richtig zufrieden macht das nicht, weil das Ziel, diesmal ganz genau nach Rezept zu kochen, so nicht erreicht werden kann, sondern nur mit den richtigen Zutaten und dem passenden Kochgeschirr. Aber es heißt ja so schön: „Erfahrung ist der beste Koch".

TIPP

Einfach schon bei „Universität" aussteigen und laufen. Gesunder Körper = gesunder Geist.

Heng Long Asia Supermarkt, Aachener Straße 201–209, 50931 Köln

ÖPNV: Stadtbahn 1,7, Bus 142, Haltestelle Universitätsstraße

Die guten Gartengeister

48 *Die Gemüse-Parzellen in Dellbrück*

Früher ging man im Kollegenkreis zum Kegeln oder sammelte in der Kneipe Fünf-Mark-Stücke im Sparclub. Heute geht so ein kollegiales Gemeinschaftserlebnis viel gesünder: Man pachtet zum Beispiel in Köln-Dellbrück eine Garten-Parzelle und baut unter Anleitung kunterbunt Gemüse, würzige Kräuter und Blumen an, ganz ohne Stress und Zeitdruck. Die Zauberformel hier heißt „Gartenglück". Ein Stück Acker (50 oder 100 Quadratmeter), das bereits von Profigärtnern vorbepflanzt wurde, wird gemietet. So gelingt es jedem, das Gärtnern zu genießen und die Daumen nach und nach grün werden zu lassen. Die Gespräche in der Mittagspause drehen sich dann nicht mehr um das trockene Schnitzel, sondern darum, dass jetzt die Möhren dringend geerntet werden müssen. Oder dass der Kollege mal wieder das Gießen vergessen hat. So ein Gärtchen ist natürlich auch ganz hervorragend für kleine und große Familien geeignet. Die Erträge von diesem zufrieden machenden Land reichen für fünf Leute rund eine Woche. Dieses kleine Stück vom Glück wird Freizeitgärtnern einen Sommer lang anvertraut. Ab Mitte Mai geht es los, und man wird im Laufe der Saison belohnt mit saftigen Kartoffeln, Rucola oder Radieschen. Schon im Juni ist mit den ersten Erträgen zu rechnen. Da wird dann ein vorgezogenes Erntedankfest gefeiert, und alle sind unglaublich stolz. Die Saison geht bis in den Herbst, und es ist nicht schlimm, wenn man als kompletter Frischling an den neuen Gemüsegarten rangeht. Die zahlreichen Beete sind so wunderbar vorbereitet, dass sich die Sorten vertragen und optimal gedeihen. Alles ist ökologisch ausgerichtet, die Parzellen müssen nur regelmäßig abgeerntet werden. Hierzu gibt es feste Termine, wo neues Saatgut verkauft wird. Von den Gartenglück-Mentoren erhält man regelmäßig Tipps, zum Beispiel wie Schädlingsbefall ganz ohne Chemie vermieden werden kann. Und natürlich ist immer Zeit für einen unbeschwerten Plausch. Das ist dann wie beim Stammtisch – nur mit frischer Erde an den Fingern.

Gartenglück in Dellbrück, Bensberger Marktweg 360, 51069 Köln, Tel. (0 22 07) 70 66 85
www.gartenglueck.info

ÖPNV: Bus 436, Haltestelle Penningsfelder Weg, oder Bus 450, 451, Haltestelle Refrath Beningsfeld (jeweils ca. 10 Minuten Fußweg)

Ich seh' den Sternenhimmel

49 *„Oh!Calcutta" – Möbel und Deko aus Fernost*

Dieses Geschäft ist wie ein Magnet. Ein Glücksmagnet, der einen immer wieder in seinen magischen Bann zieht. Man hat eigentlich gar keine Zeit, muss dringend zur Straßenbahn am Neumarkt und hat schon (wieder) den Fuß in der Tür von „Oh!Calcutta". Der Duft von Räucherstäbchen und Tee begrüßt den Kunden schmeichelnd. Ein einfach zauberhafter Ort für Dekoration und Einrichtung aus Fernost. Hier gibt es kunstvolle Buddha-Figuren aus Stein (nicht aus Plastik und auch nicht mit Halogen-Scheinwerfer). Jede sieht anders aus und hat ein liebliches Gesicht. Massenware wird hier nicht angeboten, und man nimmt ihnen den Beschützer und Glücksbringer wirklich ab. Im Geschäft werden kleine und große Einrichtungsgegenstände verkauft, die man bestimmt ein Leben lang behalten wird. Ganz viel aus Holz, Stein und natürlichen Materialien. Tischchen oder Lampen. Sie werden für „Oh!Calcutta" in der ganzen Welt zusammengetragen. Eine beeindruckende Abteilung mit Klangschalen glitzert im Laden, und gemütliche, bunte Yogakissen sehen einfach nur wunderschön aus. Natürlich gibt es auch die perfekten Matten dazu. Wer kein Yoga betreibt, wird es sich spätestens jetzt überlegen. Oder das Kissen einfach für ein Nickerchen benutzen. Schon im Schaufenster strahlen einen die vielen bunten Dekosterne in wirklich allen Farben und Formen an. Mit Beleuchtung und ohne. Man hat sich für einen ganz bestimmten in dunklem Violett entschieden. Der ist allerdings nur im Untergeschoss verfügbar. Doch die nette Verkäuferin schließt einfach rasch den Laden ab, wir halten die Leiter, und die heiß ersehnte Sternendeko wird von der Decke geholt. An diesem schönen Ort ist man eben immer ganz nah an allem Himmlischen dran. Jeder verkaufte Gegenstand hat seine eigene Seele und wurde sorgfältig ausgewählt. Uns war es nur wichtig, die Leiter für die freundliche Helferin festzuhalten – trotz unzähliger Schutzengel im Laden. Schließlich möchte man noch ganz oft hierherkommen. Und die Straßenbahn kann mal warten.

Oh!Calcutta, Richmodstraße 19, 50667 Köln
ÖPNV: Stadtbahn 1, 3, 4, 7, 9, 16, 18, Bus 136, 146, Haltestelle Neumarkt
Lagerverkauf: Aachenerstraße 304, 50933 Köln

Bücher im Kopf

50 *Schmökerstunden in der Stadtbibliothek*

Ganz ehrlich, wie lange liegt der letzte Besuch in einer öffentlichen Bücherei zurück? Aufenthalte im Rahmen von Ausbildung und Studium gelten nicht, ebenso wenig Museen, in denen kunstvolle Bücher hinter Glas bewundert wurden. In Kindheit und Jugend gehörte es selbstverständlich dazu, sich Spiele oder Lesestoff auszuleihen, egal, ob in einer städtischen oder kirchlichen Bibliothek. Ärger gab es nur, wenn die Leihfrist überzogen wurde. Heute ist die gute alte Stadtteilbücherei in Vergessenheit geraten, obwohl dies einer der wertvollsten Glücksorte überhaupt ist und der Geist freudig Purzelbäume schlägt. Die Kölner Zentralbibliothek am Neumarkt ist eine der größten und bekanntesten in Deutschland – und das seit 1890. Hinzu kommen elf Zweigstellen zum Beispiel in Chorweiler, Bocklemünd oder Porz, auch fährt ein schnuckeliger Bücherbus zu allen Leseratten. 800.000 Medien können in Köln ausgeliehen werden. Aneinandergelegt ergäbe das so etwas wie eine Glücksallee, auch für alle 180 Nationen, die mit uns leben. Ganz viele der schönen Bücher gibt es in den Landessprachen, ebenso Brettspiele, E-Books, DVDs und sogar Noten. Alles darf man zwischen zwei und vier Wochen behalten. Die Zentralbibliothek am Neumarkt ist sogar am Samstag geöffnet. Warum sich nicht einfach mal zum Lernen oder Entspannen in einen der großzügigen Lesebereiche setzen? Und dabei nach Herzenslust in den Regalen stöbern. Ganz schnell vergehen dabei ein paar unbeschwerte Stunden. Hier in diesem mehrstöckigen und luftigen Gebäude in der Innenstadt haben wir das großartige Gefühl, für uns etwas ganz besonders Gutes getan zu haben. Kopf und Seele führen einen kleinen Freudentanz auf, denn sie sind zu neuem Leben erwacht. Wir müssen nur entscheiden, welches literarische Werk mit auf den Nachttisch darf. Nicht alles muss auf dem Tablet gelesen werden. Der berühmte Drehbuchlehrer Robert McKee empfiehlt Autoren bei einer Schreibblockade sogar Folgendes: „Geht in die Bücherei. Nirgendwo sonst gibt es so viel Inspiration. Und so viel echtes Leben."

TIPP

Fernleihe und Vorbestellungen sind jederzeit möglich.

Zentralbibliothek, Josef-Haubrich-Hof 1, 50676 Köln

ÖPNV: Stadtbahn 1, 3, 4, 7, 9, 16, 18, Bus 136, 146, Haltestelle Neumarkt

Pausenbrot für alle

51 *„Zeit für Brot“ in Ehrenfeld*

Jedes Schulkind kennt es: das Pausenbrot. Und eine schöne „Stulle“ wie von Mama kann so wunderbar glücklich machen und man ist satt und zufrieden für ganz viele Stunden. Die leckersten Brote gibt´s im Bäckerei-Café „Zeit für Brot“ in Ehrenfeld. Hier werden die Schnitten so liebevoll und phantasievoll geschmiert und garniert, dass man sie immer und immer wieder essen möchte. Ob mit saftigem Käse zubereitet oder einer pikanten Salatcreme drauf. Buntes und gesundes Gemüse gehört immer dazu. Hier macht man sich ganz viele gute Gedanken um unser Wohlbefinden. Es werden nur frische und biologische Zutaten verwendet. Jedes Butterbrot ist ein kleines Kunstwerk, und eingewickelt in knisterndes Pergamentpapier, wie man es noch aus der Kindheit kennt. Fertig zum Mitnehmen und herzhaften Reinbeißen. Natürlich kann man es sich auch im Laden gemütlich machen. Der liegt mitten im buntesten Herzen von Ehrenfeld direkt an der Venloer Straße. Die Türen stehen bei schönem Wetter immer offen und die Menschen sitzen fröhlich schwatzend auch gerne vor dem Geschäft. Wer mag, bleibt gleich bis zum Kaffeetrinken oder ist schon seit dem Frühstück hier, denn Bircher Müsli, knusprige Zimtschnecken und saftigen Pfirsichkuchen kann man immer genießen. Das Ladenlokal geht um eine Straßenecke herum, so dass man direkt noch einen spannenden Rundumblick auf die „Venloer“ hat. Der hintere Teil des Geschäftes ist mehr als Ruhebereich gedacht. Hier können die Gäste Zeitung lesen, vielleicht sogar etwas arbeiten oder einfach nur eine kleine Pause machen. Von den gemütlichen Holztischen und Stühlen mag man eigentlich gar nicht mehr aufstehen. Zumal der Geruch von frischen Backwaren so zufrieden und entspannt macht, wie ein warmes Bad mit ätherischen und duftenden Ölen. Einfach tief eintauchen in die Wohlfühlatmosphäre. Den Blick in die offene Backstube gibt es gleich dazu. Doch keiner hier ist böse, wenn man die Augen geschlossen hat und einfach nur genießt.

TIPP

Hier gibt es auch am Sonntag und Feiertagen frisches Brot.

Venloer Str. 202, 50823 Köln, Tel. (02 21) 17 07 48 00
www.zeitfuerbrot.com
ÖPNV: Stadtbahn 3, 4, 13, Haltestelle Venloer Straße/Gürtel

FÜR
BROT

Nicht nur für Karneval

52 *Bunte Kostüme im „Deiters“*

Wie erklärt man Freunden in Tokio, was der Kölner Karneval ist? Ein Versuch: „Man schlüpft oft über Tage in Kostüme: Cowboy oder Indianer, Polizist oder Prinzessin. Das heißt dann Verkleidung. Die Geschäfte haben geschlossen, die Schulen sind ebenfalls zu, und alle feiern ganz laut und fröhlich, werfen mit Bonbons um sich. Dazu wird gesungen, gelacht, und die Leute sind einfach richtig glücklich. Diesen ganzen Zeitraum nennt man Karnevalsession. Man wird halbwegs verstanden. Wo man diese Kostüme denn herbekomme, werden wir gefragt. Und was macht man, wenn man schon im Sommer loslegen will und keine Nähmaschine hat? Die Antwort ist nicht schwer: „Dafür gibt es ein extra Kaufhaus, nur für den Karneval, und es ist das größte auf der ganzen Welt.“ Es steht weder in Rio und auch nicht in Venedig, sondern in Köln – und das sogar mehrfach. Die größte aller Filialen in Frechen (unmittelbar bei Marsdorf) hat das ganze Jahr geöffnet. Sie ist praktisch das Mutterschiff für alle Jecken. Ausrüster, Basislager und Pilgerstätte unter einem Dach. Das Geschäft erstreckt sich über einen ganzen Straßenblock, in dem bis in den letzten Winkel Karnevalsbedarf verkauft wird. Gigantische, fröhlich-bunte Clowns lächeln uns von der Fassade an. Eine Allee aus pinkfarbenen, leuchtenden Bäumen stimmt uns schon vor dem Betreten auf die närrische Zeit ein. Im Inneren gibt es jedes Kostüm und allen Zubehör, den sich die Narren nur wünschen können. Sogar an Pumpen für Luftballons ist gedacht. Und das alles nicht nur zur Saison, so ist man auch im Hochsommer perfekt für die spontane Gartenparty mit Kostümierung gerüstet. Oder kann in Ruhe überlegen, ob man bei der Kostümwahl für Rosenmontag nicht mal etwas mutiger unterwegs sein will. Es müssen ja nicht immer die Klassiker sein. Die Mitarbeiter von „Deiters“ erstellen regelmäßig eine Rangliste der beliebtesten Verkleidungen. Und vielleicht schwimmt man auch mal gegen den Strom, schließlich hat nicht jeder diese Art von Kaufhaus in der Nachbarschaft. Die Freunde aus Fernost planen bereits einen Deutschlandbesuch.

TIPP

Vor den „tollen Tagen“ gibt es Sonderöffnungszeiten.

Deiters, Dr.-Gottfried-Cremer-Allee 5, 50226 Frechen, diverse Filialen in Köln
www.deiters.de
ÖPNV: Stadtbahn 7, Haltestelle Frechen Bf (5 Minuten Fußweg)

DEITERS

Ehre das Brot …

53 *Die Bäckerei Zimmermann*

Die Bäckerei Zimmermann hat diese Berufsbezeichnung ehrlich verdient. Dabei geht es nicht um den Meisterbrief, nein, hier in der Ehrenstraße werden ausschließlich selbst hergestellte Backwaren verkauft. Und vor allem – hier wird auch gebacken, den ganzen Tag und das seit 1875. Eine Armee von Stehtischen, einen Snackbereich oder die übliche Auswahl an Zeitungen sucht man vergeblich. Auch geht es nicht darum, wie groß oder klein der Kaffee zum Mitnehmen sein soll, mit welcher Milch und ob mit braunem oder weißem Zucker. Hier geht es einzig und allein um alles, was man backen kann, um richtig gutes Handwerk eben. Allein der Geruch im Laden macht schon glücklich und zugleich süchtig. Die Kunden kommen zu Fuß oder mit dem Fahrrad, ab halb sieben in der Früh geht es hier los mit dem Verkauf. Man wird sehr freundlich begrüßt, selbst um diese Stunde. Im Geschäft findet man wenig Schnörkel und unnötige Verpackung. Denn die Bäckerei Zimmermann vertraut auf das, was sie am besten kann. Die Menschen stehen hier häufig Schlange, es geht oft zu wie im Taubenschlag, denn nirgendwo in Köln gibt es ein besseres „Schwarzbrot Natur". Hergestellt nach hauseigener und ganz klassischer Rezeptur. Auf Wunsch wird es sogar per Post versandt. Es gibt Hanseaten, die gleich einen Jahresvorrat bestellen und zu Hause ihr ganz persönliches Stückchen Domstadt einfrieren. Bei Zimmermann vor Ort stellt man fest, dass der Laden gar nicht so groß ist. Aber genau das wünschen sich die modernen Menschen. Das Leben soll einfacher und authentischer werden, man möchte wieder auf alte Werte vertrauen können. All das liegt hier sozusagen vor der Haustür. Mehr Liebe zur Heimat geht fast nicht. Hier gibt es viel gemütliches Holz und freundliches Personal, das wirklich Ahnung hat. In der Dunkelheit strahlt das Geschäft einen von außen an: ein kurzer Moment zum Genießen mit Vorfreude auf ein duftendes Früchtebrot. Allerdings sollte man nicht zu spät dran sein, denn jeder wünscht sich was richtig Leckeres zum Abendessen.

Bäckerei Zimmermann, Ehrenstraße 75, 50672 Köln
ÖPNV: Stadtbahn 1, 3, 4, 7, 9, 16, 18, Bus 136 und 146, Haltestelle Neumarkt

TIP
Woche
4,30
3.44€
Sauerteig
Himbeer-Tarte
Johannisbeer-Tarte
Rhabarberschnitte

Eine Perle aus alten Zeiten

54 *Das Linden-Theater*

Ist es heute überhaupt noch etwas Besonderes, ins Kino zu gehen? Wie gut muss ein Film sein, damit er vom heimischen Flachbildschirm weglocken kann. In Zeiten von Multiplexen und entsprechenden Preisen für Snacks und Getränke überlegt man sich das schon. Aber für alle, die das Kino als magischen Ort wirklich und von Herzen lieben, gibt es das Linden-Theater mitten in Frechen. Es wurde 1957 in Betrieb genommen und ist inzwischen denkmalgeschützt. Das klingt schon mal nach einer guten Portion Glücksort, denn hier haben bereits Generationen von Besuchern gelacht und geweint und sind dabei tief in die plüschig roten Kinosessel gesunken. Das Linden-Theater besitzt einen Saal für vierhundert Zuschauer und konnte sich in der Zeit des sogenannten Kinosterbens erfolgreich dagegen wehren, dass dieser imposante Vorführraum geteilt wurde. Man wusste, dies würde später für etwas gut sein, denn nur wenige der kleineren Kinos in Köln und Umgebung haben überlebt (wie zum Beispiel das „Berli"/Berrenrather Lichtspieltheater in Hürth). Schon beim Betreten begrüßt einen im Linden-Theater ein besonderer Duft aus Holz, Bohnerwachs und Kino, und der Kauf der Karte ist ebenfalls ein Erlebnis. Es gibt noch ein Kassenhäuschen und keine digitalen Anzeigen. Hier sind Filmfreunde genau richtig. Keiner erschrickt bei den Preisen, und so kauft man in Frechen auch gerne noch ein zweites köstlich knuspriges Popcorn. Die ehrenamtlichen Betreiber kümmern sich bis ins Detail um den Erhalt dieser fantastischen historischen Stätte. Hier werden auch Krimi-Dinner veranstaltet, oder es fanden schon Dreharbeiten für TV-Serien statt. Blockbuster bekommt man zwar zu sehen, aber ebenso feine und gut ausgewählte Perlen der Kinowelt. Die Technik ist auf dem neuesten Stand und kann mit jedem Großkino mithalten. Doch kommt kaum einer nach Frechen, weil es dort den besonders guten Sound gibt. Den gibt es natürlich, aber es ist ja der cineastische Glücksort, den man besucht, einen zum Anfassen, Fühlen und Glücklichsein.

Linden-Theater, Lindenstraße 16, 50226 Frechen
ÖPNV: Bus 145, Haltestelle Freiheitsring

Die fleißigsten Kölner

55 *Der Heinzelmännchenbrunnen*

„Wie war zu Cölln es doch vordem mit Heinzelmännchen so bequem!“ Es gibt kaum eine Kölner Hausfrau, die den kleinen Männlein nicht täglich nachtrauert. Die Sage berichtet ja davon, dass sie “rupften und zupften“, „putzten und schabten“. Frau ist grün vor Neid. Warum musste die neugierige Schneidergattin die kleinen Kobolde auch so verschrecken? Sie verschwanden quasi über Nacht. Und die ganze Hausarbeit bleibt liegen. Obwohl, so ganz fort sind die Wichtel nicht. Gegenüber vom Brauhaus Früh (das älteste in Köln) steht der bildschöne Heinzelmännchenbrunnen. Er wurde um 1900 von den Architekten und Bildhauern Renard erbaut. Eigentlich waren die Herren auf religiöse Kunst spezialisiert, doch wegen der Nähe zum Dom machten sie hier sicher eine Ausnahme. Tatsächlich übersehen oft sogar Einheimische das historische Wahrzeichen, bis begeisterte Touristen rufen: „Da ist ja der Heinzelmännchenbrunnen.“ Wie beschämend. Der Versuch einer Erklärung: Das filigrane Kunstwerk fügt sich irgendwie bescheiden in den kleinen Platz vorm Brauhaus ein. Vielleicht wollen die Kerlchen nicht entdeckt werden? Wie fleißige Heinzelmännchen eben sind. Zuerst unauffällig hinterlassen sie eine immense Wirkung. Oder liegt es daran, dass man diese Abkürzung zum Hauptbahnhof in Eile nimmt? Oft ein Handy am Ohr. Man ist dabei ebenso unsensibel wie Frau Schneiderin, und die Kobolde werden noch immer nicht ausreichend gewürdigt. Man gibt sich alle Mühe, hier am Brunnen um Vergebung zu bitten, und schaut dazu unter die runde, schön geformte Brunnenschale. Aber im Wasser schwimmt kein Wichtel, und auf der kleinen Denkmaltreppe liegt noch nicht einmal eine einzige winzige Erbse. Alle Kölnerinnen und Kölner werden also weiterhin selbst sauber machen müssen. Allerdings geht das Gerücht um, dass es doch noch Heinzelmännchen gibt. Jedoch haben sie mit Putzen gar nichts mehr am Hut. Und wer die Glockengasse 4 besucht, findet am Hauseingang eine kleine Heinzelmännchen-Skulptur, die in einer Badewanne liegt.

TIPP

Die besagte Badewanne steht vor dem 4711-Haus.

Heinzelmännchenbrunnen, Am Hof 12, 50667 Köln
ÖPNV: Stadtbahn 5, 16, 18, Haltestelle Dom/Hauptbahnhof

Köstliches für Spätstücker

56 *Das Rund-um-die-Uhr-Frühstück im Café Bauturm*

Dürfen wir ganz ehrlich etwas fragen, man ist ja unter sich: Wie oft gibt es auf dem Weg zur Arbeit einen Kaffee im Pappbecher? Und dazu ein ziemlich fettiges Croissant. Fühlt sich das wirklich gut an? Nicht so richtig, oder? Ein paar Euro kommen da trotzdem rasch zusammen. Im Sinne von guten Vorsätzen ist ein gesundes Frühstück im „Bauturm" ein ganz leicht abzuholendes Fleißkärtchen. Kostet nicht die Welt, und man ist danach wirklich satt und für viele Stunden glücklich. Und auf der „gutes Gewissen-Skala" mischen wir dabei ganz oben mit. Dieser Glücksort liegt in der Innenstadt, an der Aachener Straße, und ist von öffentlichen Verkehrsmitteln umgeben. Mit dem Rad kann man quasi bis an den Frühstückstisch fahren. Vielleicht morgens einfach eine halbe Stunde früher starten. Raus aus der Bahn, sich stärken und dann wieder weiter. Das sollte doch zu schaffen sein. Man ist hier auf eilige Besucher eingestellt. Dennoch muss keiner im Stehen essen, und das gesunde Mahl wird rasch und liebevoll auf dem Holztisch unterm Kronleuchter serviert. Man kann auf einem sehr gemütlichen Sofa sitzen, fast wie zu Hause. Auch hier gibt es Croissants, aber vor allem selbst gebacken. So knusprig, die rascheln sogar noch und sind leicht warm. Eier, Joghurt, Obstsalat und Smoothie, alles in bio und auf Wunsch auch vegan, vervollständigen das Angebot, voilá! Die Zutaten sind sehr sorgfältig ausgewählt, und die Köche hier wissen ganz genau Bescheid über deren Herkunft. Auch an jene Gäste, die mit den guten Vorsätzen noch nicht ganz so weit sind, ist gedacht: Frühstück „Existential" mit Kaffee und einer Zigarette. Allerdings muss man dann draußen „frühstücken". Der „Bauturm" sorgt eben für alle. Und für die ganz Gewissenhaften, die alles richtig machen wollen, gibt es das ultimative Schlemmerfrühstück, dazu sogar ein prickelndes Glas Prosecco. Vor der Arbeit? Unglaublich, aber wahr, hier kann man von acht Uhr morgens bis in die Nacht frühstücken. Das Lokal schließt drei Stunden nach Mitternacht.

TIPP

Auch mittags und abends kann man hier herzhaft schlemmen.

Café Bauturm, Aachener Str. 24–26, 50674 Köln
www.cafe-bauturm.de
ÖPNV: Stadtbahn 1, 7, Bus 136, 146, Haltestelle Moltkestraße oder Rudolfplatz

Sie spielen unser Lied

57 *Herzensangelegenheiten am Flughafen Köln/Bonn*

Jeder, der schon einmal den Köln/Bonner Flughafen besucht hat, kennt diese Melodie. Und hat sie mindestens einmal gehört. Sie kommt aus dem Nichts, meist mit einer Durchsage verbunden. Viele werden es nur nicht aktiv wissen oder sich bewusst daran erinnern. Hier ist sie noch einmal: Dü düdüle dü. Sie erinnern sich doch? Genau, das ist die kleine und feine Musik, die man mit dem Airport verbindet. Sie hat beim TV-Quiz das Zeug zur Millionenfrage und gilt als die heimliche Fanfare für Fluggäste im Rheinland. Dü düdüle dü. Wenn man kurz nicht mehr an das kleine Liedchen denkt, ist es wieder da und erinnert daran, dass der Abflug naht. Bis in den Flieger ist der Mini-Song dabei. Doch dann heißt es erst einmal Abschied nehmen. Einen Urlaub oder eine Geschäftsreise lang wird man vielleicht nicht mehr an den Flughafen-Ohrwurm aus der Heimat denken, doch kurz nach der Landung grüßt die Kölner Endlosschleife mit einem herzlichen und dreifachen: Dü düdüle dü. Und weitere Glückszugaben warten. Nach einem Flug ist man ja immer etwas müde und hat keine Lust, die Koffer zu holen, und bis zum Gepäckband an Terminal 2 ist es ein ganz schön langer Weg. In Köln lässt man sich immer etwas einfallen, da ist wirklich Verlass drauf. Und so empfängt die Fluggäste in riesigen Buchstaben nicht die Werbung einer Autovermietung, sondern das Rheinische Grundgesetz in seiner durchschlagenden Wahrheit. In voller Größe ist an den Wänden zu lesen: „Et kütt wie et kütt". Das ist sicher der Spitzenreiter unter den rheinischen Weisheiten und trifft genau ins Herz. Der Urlaub ist vorbei, das ist traurig, aber nun einmal nicht zu ändern. Doch es gibt ja noch mehr Tafeln, und die berichten, dass am Ende immer alles gut wurde und man offen für Neuerungen sein soll. Die Reisenden atmen erleichtert auf. Obwohl, eine Sache darf sich wirklich niemals ändern, ganz genau – Dü düdüle dü.

Flughafen Köln/Bonn, Kennedystraße, 51147 Köln
ÖPNV: S 13, 19, oder RE 6a, RE 8, Haltestelle Köln/Bonn Flughafen

Köln Bonn Airport
edc
Einfach günstig parken
29*
€/Woche

Geschenke für die Ewigkeit

58 *Die Kunstwerkstätten „Egino G. Weinert"*

Das Patenkind hat Kommunion, und man möchte weder Geld noch irgendein Spielzeug verschenken, sondern etwas fürs Leben, das auch eine bleibende Erinnerung schafft. Die Vorstellungen gehen in Richtung eines kleinen Kreuzes aus Bronze. Es sollte möglichst schlicht sein. Die Suche im Internet ist erfolglos und fühlt sich auch nicht gut an, eher ein bisschen kalt und lieblos. Bis man den rettenden Glückshinweis erhält – „Die Kunstwerkstätten Egino G. Weinert" in der Marzellenstraße und in direkter Nachbarschaft zum Erzbischöflichen Generalvikariat. Um in den kleinen, historischen Laden zu gelangen, muss man zuerst klingeln. Die alte Holztür mit schmaler Luke geht auf, und uns erwartet eine kaum zu beschreibende Kunstsammlung: Kerzenleuchter, Namenspatrone, Kreuzwege oder Weihwasserbecken, entworfen und selbst gefertigt vom Goldschmied, Bildhauer und Maler Egino G. Weinert. Er starb bereits 2012 im Alter von 92 Jahren. Doch er hat bis zu seinem Tod gearbeitet und Tausende wertvoller Stücke hinterlassen. Alles, was heute im Geschäft verkauft wird, hat der Künstler selbst gefertigt: wunderschöne und bleibende Werte. Er hat in weiser Voraussicht eine immense Kunstsammlung geschaffen. Seine Witwe Waltraud kümmert sich um die Stiftung und hält engen Kontakt zu den Werkstätten. Hier finden die Besucher einzigartige Mitbringsel, die Freude machen und nicht nur ein paar Wochen halten: Gaben für Taufe, Hochzeit, Kommunion oder auch Konfirmation, Feste fürs Leben eben. Plastik wird hier nicht verkauft. Und alles ist durchaus bezahlbar, vor allem wenn man bedenkt, dass man einen kleinen Kunstschatz mit nach Hause nimmt. Es gibt eine ganze Wand mit Kreuzen, in Messing oder auch als Mosaik, ohne Schnörkel, sondern stets geschmackvoll einfach gestaltet. Die Religionszugehörigkeit des zu Beschenkenden ist dabei eher Nebensache, dieses Präsent wird als eine ganz besondere Geste gewertet. Der Dom, ebenfalls ein Nachbar, schaut wohlwollend zu, als möchte er sagen: „Alles richtig gemacht."

TIPP

Es gibt eine Dauerausstellung mit Werken des Künstlers in Frechen-Königsdorf.

Egino G. Weinert GmbH, Marzellenstraße 42, 50668 Köln, Tel. (02 21) 13 54 69
www.eginoweinert-stiftung.de
ÖPNV: Stadtbahn 5, 16, 18, Haltestelle Dom/Hauptbahnhof

20*C+M*B*17
1956
EGINO WEINERT

Magie bei Sonnenaufgang

59 *In und um den Hauptbahnhof herum*

Mit einem Bahnhof ist es ja immer so eine Sache, fast wie in einer Ehe mit den berühmten guten und schlechten Zeiten. Man könnte auch sagen, die Glücksorte in Bahnhofsnähe kommen und gehen wie die Jahreszeiten. Dabei besitzt der Kölner Bahnhof ziemlich viele Glücksorte. Allerdings muss man ein bisschen nach ihnen suchen. Aber darum geht es ja in einer fröhlichen Glücksortgemeinschaft. Man startet die Expedition schon sehr früh morgens, am besten noch im Dunkeln, auf Gleis 1. Der Bahnhofsbetrieb läuft gerade etwas müde an, alles ist noch ziemlich ruhig. Jetzt die Treppe zum Gleis rauf und dann ein paar Meter nach rechts. Bitte dabei nie zu nah an die Gleise treten und sich auch nicht zu weit auf dem Bahnsteig vorwagen! Aber von hier hat man einen der besten Blicke auf den Dom. Er liegt noch wie träumend da, und die Domtreppe sieht aus wie ein geheimnisvolles, graues Meer, das ihn umgibt. Hunderte Tauben sitzen ihm zu Füßen. Ein magischer, morgendlicher und einzigartiger Glücksmoment. Ebenso lohnt es sich, auf den Bahnsteigen zu jeder Tageszeit den Kopf zu heben und das Smart Phone kurz pausieren zu lassen. Dann sieht man eine der schönsten und historischsten Leuchtreklamen in ganz Deutschland: den weltberühmten Kölnisch-Wasser-Schriftzug im gläsernen Bahnhofsdach – in strahlendem Türkis. Wer mag und etwas Zeit hat, kann auch mal den Bahnsteig wechseln. Die 4711-Werbung erfindet sich quasi aus jedem Blickwinkel neu, dabei war sie schon fast in Vergessenheit geraten. Wenn man Köln mit dem Zug verlässt, dann lohnt es sich immer, einen Platz am Fenster zu ergattern. Die Bahn rattert auf der Hohenzollernbrücke über den mächtigen Rhein raus aus der Stadt. Prachtvoll ziehen die Berufsschiffe ihre Bahnen. Und jetzt aufpassen: Der Rheinauhafen ist kurz nach der Ausfahrt aus dem Bahnhof sehr gut „aus der Luft" zu sehen. Und ebenso das Gold des Brunnens im Schokoladenmuseum. Er strahlt förmlich, denn die Sonne geht gerade auf. Das kann nur ein guter Tag werden, hier mitten im Herzen von Köln.

TIPP Glücksidee bei Sonne: Den Coffee to go einfach mal auf der Domtreppe sitzend genießen.

Hauptbahnhof Köln, 50667 Köln

ÖPNV: Stadtbahn 5, 16, 18, Haltestelle Dom/Hauptbahnhof

4711
ECHT KÖLNISCH WASSER
KÖLN HBF
7
B

Ein grünes Paradies

60 *Der Forstbotanische Garten in Rodenkirchen*

Sehr oft schon hat man im Urlaub und bei Städtereisen kunstvoll angelegte und elegante Gärten bewundert oder in einer besonders schönen Schlossanlage in der Toskana sogar ein Picknick veranstaltet und den Barockgarten genossen. Sorgsam gepflegte, grüne Ziergärten in Luftkurorten machen die Gäste ebenfalls gesund und glücklich. Es gibt dabei allerdings immer eine Gemeinsamkeit: Die recht üppigen Eintrittsgelder. Umso überraschter sind die Kölner, wenn sie zum ersten Mal vom Forstbotanischen Garten in Köln Rodenkirchen hören. Eine 25 Hektar große botanische Anlage, die es bereits seit den Sechzigerjahren gibt, und das quasi vor der Haustür. Das Beste daran: Der Besuch ist kostenlos und der Park täglich geöffnet. Führungen finden sehr häufig statt. Auf den Wiesen und Beeten sind sämtliche Pflanzen unterteilt nach Arten und geographischer Herkunft. Man kann exotische Gewächse von fast allen Kontinenten bestaunen, die ins Rheinland verpflanzt und seit Generationen liebevoll gepflegt werden. Sie sind stellvertretend angelegt für Länder, zu denen Deutschland diplomatische Beziehungen unterhält. Im japanischen Garten fühlt man sich sofort wie in einer anderen Welt. Die Kirschblüte ist zu bestaunen, und der Bambus dort, Hand aufs Herz, ist nicht mit dem im heimischen Garten zu vergleichen. Die Pfingstrosenwiese, so zart und pastellfarben, erscheint wie von Elfen gepflanzt. Die Entscheidung, ob die Orchideen im Forstbotanischen Garten noch prächtiger sind, sollte jeder Gast selbst treffen. Doch kein Hobbygärtner muss ein schlechtes Gewissen haben. Hier sind ja Dutzende von Gartenprofis unterwegs, die sich mit Fachwissen aus aller Welt täglich um Blumen, Sträucher und natürlich Bäume kümmern. Auch ein Mammutbaum muss ab und zu geschnitten werden. Alles in dieser lokalen Gartenanlage befindet sich natürlich im Einklang mit der Tierwelt, die sich nach und nach angesiedelt hat. Die Besucher dürfen einfach nur genießen und sich erholen. Das Laub fegen heute netterweise andere für uns.

TIPP

Glücksgarantie: Warum nicht mal eine Foto-Expedition hierher planen und die Jahreszeiten festhalten.

Forstbotanischer Garten, Schillingsrotter Straße 100, 50996 Köln
ÖPNV: Stadtbahn 16, 17, Bus 130, 131, 135, Haltestelle Rodenkirchen Bf.

Hoppetosse lässt grüßen

61 *Die Fähre „Krokodil" zwischen Zündorf und Weiß*

Ein sehr altes und weises Sprichwort lautet ja: „Wasser hat keine Balken". Und so stellt sich die Frage, wie überquert man die Gewässer in Zündorf, wenn man nicht schwimmen möchte oder kann. Und zudem noch ein Fahrrad dabei hat. War da nicht irgendwas mit einem Krokodil und einem Schiff? So ganz genau bekommt man das gerade nicht zusammen. Doch dieser Glücksort auf dem Wasser ist tatsächlich keinem Tagtraum entsprungen, sondern glückliche Realität. Denn es gibt sie: Jene kleine Rheinfähre zwischen Weiß und Zündorf, die mit drei Schiffen von März bis Oktober fast täglich für einen reibungslosen Transport auf dem Wasserweg sorgt, ohne dass auch nur der große Zeh nass wird. Die Bootsnamen dieser Flotte klingen alle extrem gefährlich: Krokodil, Krokolino und Frika. Und da Schiffe immer weiblich getauft sind, besteigt man ganz mutig „Die Krokodil" und fühlt sich ein bisschen wie auf der „African Queen". Es schaukelt leicht, aber nicht unangenehm, eher wie in einer Wiege, die einen sanft bewegt. Es gibt Fahrgäste, die auch auf großen Kreuzfahrtschiffen immer seekrank werden. Hier auf den Dampfern im Miniformat strahlen sie vor Glück. Sicher auch wegen der wunderschönen Umgebung in grüner und üppiger Natur. Mit Enten, Fischen und allem, was so auf und im Wasser dazugehört. Die maritimen Pendelfahrten gehen zwischen dem sogenannten Weißer Bogen und der Groov in Zündorf wie ein fleißiges Uhrwerk hin und her. Einen genauen Fahrplan gibt es nicht. Wie das eben in der Seefahrt so ist, bestimmen Luv und Lee den Kurs (dem Wind jeweils zugewandte und abgewandte Seite). Doch als Faustregel an normalen Tagen gilt, dass kein Fahrgast länger als zwanzig Minuten warten muss, auch wenn der Drahtesel dabei ist. Und wenn das Wetter doch mal richtig schlecht wird, findet man den Fährmann im nahegelegenen Hafen. Er weiß sicher, was bei jeder Art von Wetter zu tun ist. Oft muss man einfach nur auf den nächsten Sonnenstrahl warten und kann dabei ganz wunderbar Seemannsgarn spinnen.

Fähre Weiß-Zündorf, Weißer Leinpfad, 50999 Köln
www.faehre-koelnkrokodil.de
ÖPNV: Stadtbahn 7, Haltestelle Zündorf (ca. 10 Minuten Fußweg)

Für die Stürme des Lebens

62 *Der Familienbetrieb „Schirm Bursch"*

Wenn man dieses Kölner Traditionsgeschäft betritt, denkt man zuerst etwas beschämt an den eigenen Schirm aus dem Drogeriemarkt, der beim ersten Windstoß umknickte, im Müll landete und rasch durch einen neuen und wieder günstigen ersetzt wurde. An der Weisheit: „Wer billig kauft, kauft teuer" ist eben was dran. Und so schaut der Kunde bei „Schirm Bursch" erst einmal bewundernd auf die kunterbunten Auslagen: Schirme mit Punkten, mit Streifen, mit historischen Gemälden und sogar kompletten Landschaften, Stockschirme, Knirpse und ein Leichtgewicht mit 140 Gramm. Wiegt weniger als manche Tafel Schokolade und ist ein kleiner Traum. Frisur und Handtasche nicken jetzt schon begeistert und in Vorfreude auf den nächsten und hoffentlich heftigen Regen. Seit 1946 gibt es „Schirm Bursch", und das Geschäft hat so ziemlich alle Stürme überstanden. Es war immer ein Familienbetrieb, in dem auch noch Schirme angefertigt und sogar repariert werden. Der Begleiter für alle Unwetter muss nur sorgfältig ausgewählt werden, dann ist er so etwas wie ein beschützender kleiner Freund. Man wird in diesem Geschäft sehr freundlich beraten, und keine Anfrage bleibt liegen. Die Bezeichnung „alte Schule" wird hier in höflichster Vollendung zelebriert. Trotz seiner siebzig Jahre ist dieser Schirmladen ein ganz modernes Geschäft. Es lehrt uns, dass Klassiker eben nie aus der Mode kommen. Schnell hat man seinen Lieblingsschirm gefunden: schwarz mit Rüschen und ein Stoff, der sich samtig und gut anfühlt. Wie schade, dass man einen Schirm nicht auch als Kleid tragen kann. Es gibt zudem eine zauberhafte Auswahl an Kinderschirmen. Viele der Kunden bekamen im Laufe der Jahrzehnte zur Einschulung keinen Füller, sondern einen stabilen Schirm geschenkt, einen, den man nicht so schnell irgendwo liegenlässt. Beim Verlassen des Geschäfts wird uns äußerst galant die Tür aufgehalten. Leider ist nirgendwo auch nur ein Tropfen Regen in Sicht, doch man weiß: Ein Regenschirm kann auch ein Sonnenschirm sein.

TIPP Dorothee Pracht stellt die besten Regencapes in NRW her. www.gegen-regen.de

Schirm Bursch, Breite Straße 104, 50667 Köln
ÖPNV: Stadtbahn 1, 3, 4, 7, 9, 16, 18, Bus 136, 146, Haltestelle Neumarkt

doppler

Mittagspause im Parkhaus

63 *Das Restaurant „Pik Thai"*

Viele Male ist man bereits in das Parkhaus an der Wolfsstraße in der Innenstadt eingefahren. Zugegeben, es ist unser Lieblingsparkhaus, sehr zentral am Neumarkt gelegen und das Wichtigste – hier gibt es richtig breite Parkplätze. Doch da ist noch etwas: Bereits an der Schranke begrüßt einen ein köstlicher Essensgeruch. Es duftet nach delikat und knusprig Gebratenem, und der Magen beginnt zu knurren. Tatsächlich befindet sich direkt in der Einfahrt zur Tiefgarage das kleine thailändische Restaurant „Pik Thai". Der Lokaleingang und der Kassenautomat der Tiefgarage stehen praktisch Wand an Wand. Der Gast betritt nun einen himmlischen Genusstempel, den man in dieser Umgebung wirklich nicht erwartet. Das „Pik Thai" ist keiner dieser oft neumodischen Läden, die tausend Experimente beim Essen machen. Die vielen Köche mit ihrem Brei eben. Jeder, der schon einmal in Thailand war, wird versonnen bestätigen, dass dieses Minigasthaus auch im fernen Bangkok stehen könnte. Es herrscht fröhlicher Trubel, nichts ist förmlich, man ist einfach mittendrin und hat Spaß. Als eine Familie mit Kinderwagen eintrifft, werden von Personal und Gästen gemeinsam die Holztische umgestellt. Dadurch wird es etwas lauter, aber das stört wirklich niemanden. Selbst das Baby lacht fröhlich vor sich hin. Viele Leute verbringen im Lokal ihre Mittagspause (darauf ist man spezialisiert) oder machen beim Shoppen eine genussvolle Rast. Familiär ist ein Begriff, der diesmal wirklich passt. Das Lokal ist ein charmanter Mix aus asiatischer Einrichtung und Funktionalität. Grüne Pflanzen, ein Buddha oder Kalender erinnern an die Heimat. Die Saté-Spieße schmecken so gut, als wollte der Koch uns eine ganz besondere Freude machen. Auch die Ente und sämtliche Nudelgerichte sind ein thailändischer Traum. Man sitzt mittendrin im Glück und wird satt und zufrieden nach Hause fahren. Und vor allem entspannt. Denn die Auffahrt im Parkhaus nebenan hat auch richtig viel Platz.

TIPP

Nach dem Essen unbedingt einen Glücksspaziergang zu „Oh! Calcutta" um die Ecke machen.

Pik Thai, Wolfsstraße 14, 50667 Köln

ÖPNV: Stadtbahn 1, 3, 4, 7, 9, 16, 18, Bus 136, 146, Haltestelle Neumarkt

PIK THAI
PIK THAI
gesund & lecker
PIK THAI
P
1,70
1,-
OHNE

Hier ist rein gar nichts Essig

64 *Musik und Tanzen in der „Essigfabrik"*

Es ist längst an der Zeit, wieder einmal die alte Lederjacke herauszuholen, die immer noch gut passt, mit ein paar kleinen Löchern zwar, aber das zeigt nur, wie sehr sie geliebt und getragen wurde. Und das bei ziemlich vielen Festivals und in der Disco. Das ist nun schon eine Weile her. Umso mehr freut man sich auf ein Konzert in der „Essigfabrik" am Deutzer Hafen. Hier gibt es nichts Weichgespültes, sondern Musik, die richtig rockt, laut sein darf und einen mitreißt. Irgendwann tanzt hier jeder – und das schon vor Mitternacht, aber nicht, wie man es in der Tanzschule gelernt hat. Ab und zu muss das einfach sein. Künstlichen Glitzer sucht man in dieser Location vergeblich. Zwar kann es durchaus mal vorkommen, dass eine schwarze Limousine mit verdunkelten Scheiben vorm Eingang hält und Promis sich unters Tanzvolk mischen, aber in der Regel tobt hier das wahre Leben. Um 1913 wurde in der Anlage mit der Produktion von Essig begonnen, seit 1997 wird hier nun Musik und Kunst gemacht: in zwei Hallen mit großer Bühne und für rund 1200 Gäste. Riesige, hohe Silos in unmittelbarer Nachbarschaft und viel Industriegelände zeigen eine ganz andere Seite von Köln, und gerade deshalb ist die „Essigfabrik" ein ganz besonderer und einzigartiger Glücksort. Diese ehemalige Produktionsstätte ist so wild, so ungeschminkt und unberechenbar, ja geradezu verwegen. Dafür lieben die Gäste ihre „Fabrik". Hier wurde früher „malocht" und rangeklotzt, und dieses Gefühl überträgt sich auf alle, die hier eine ganze Nacht lang leidenschaftlich zusammen feiern. Heute sind es jedoch nicht mehr die Arbeiter, sondern die Musiker, die sich für das Publikum anstrengen müssen. Der Veranstaltungsort ist weit über Köln hinaus bekannt, Bands und Künstler loben die einmalige Akustik, die alten Wände und Fassaden und natürlich das treue Kölner Publikum. Es wird musiziert, geliebt, gestritten und sich wieder versöhnt. Hier findet man all das, was so gerne als gutes Karma bezeichnet wird. Es ist ein Gebäude mit ganz viel Seele. Hier spielt das Glück die erste Geige.

TIPP

Bereits bei „Deutzer Freiheit" aussteigen. Perfekter Dom-Blick garantiert.

Essigfabrik, Siegburgerstraße 110, 50679 Köln
ÖPNV: Stadtbahn 7, Haltestelle Poller Kirchweg

GAGA
KALLE

Besuch bei kleinen Freunden

65 *Der Lindenthaler Tierpark*

Familien lieben Geschichten, bei denen jeder mitreden kann. In Kölner Sippen geht es da oft um den „Lindenthaler Tierpark“. Diesen gibt es bereits seit über hundert Jahren, und zwar als Teil des Stadtwaldes. Und so hat Oma als kleines Mädchen schon die Rehe im Gehege gefüttert. Ein altes Foto zeigt ein glückliches Kind mit langem Zopf und weißer Bluse. Im Sonntagsstaat geht der Nachwuchs von heute dort vielleicht nicht mehr hin, aber das Glück über dieses schöne Stückchen Grün verbindet in Köln alle Generationen. Heute gibt es im „Lindenthaler Tierpark“ neben vielen einheimischen Tieren (zum Beispiel Puten, Perlhühner und Stockenten) sogar richtige Exoten wie das schottische Hochlandrind. Sein Fell ist goldbraun wie Karamell, und man verliebt sich sofort in die verstrubbelte „Frisur“. Dazu ein rundes und liebes Gesicht und putzige Hörner. Klingt fast so schön wie in einem Märchenfilm. So fühlt man sich in dem kleinen Zoo mit seinen verwunschenen, bemoosten Wegweisern im Wald, die über eine alte Brücke dorthin führen, tatsächlich. Und wer sich etwas Zeit nimmt, hört die Tiere sprechen, nicht mit den Besuchern, aber auf jeden Fall untereinander. Im Gehege wohnen nämlich auch Esel (die können bis 160 cm groß werden und ein Alter von 35 Jahren erreichen) sowie Skudden-Schafe. Deren Wurzeln liegen in Ostpreußen, und sie gehören zu den ältesten Rassen an Hausschafen. Diese besonders genügsamen Tiere dürfen nicht mit dem klassischen Hausschaf verwechselt werden. Das mögen sie nicht, so viel Zeit muss sein. Die Kölner unterscheiden ja auch in „rechtsrheinisch“ und „linksrheinisch“. Natürlich leben alle Arten und Rassen im weitläufigen Gehege wie eine große Familie zusammen. Es gibt noch nicht einmal Streit um das Futter, denn für alle ist genug da. Die Besucher werden allerdings gebeten, zum Wohl der Tiere nur das biologische Wildfutter aus dem Automaten im Park zu nehmen. Tatsächlich aber wurden schon Kinder gesichtet, die die kleine Mahlzeit selbst genussvoll gegessen haben.

TIPP Einfach mal mit dem Fahrrad hinfahren und den Picknickkorb mitbringen.

- **Lindenthaler Tierpark, Kitschburger Straße, 50935 Köln**
- **ÖPNV: Stadtbahn 7, Bus 136, Haltestelle Brahmsstraße**

Wie im Urlaub

66 *Das „Naturata“ Bio-Bistro*

Man nehme: Den immer leicht stressigen Wocheneinkauf und kombiniere ihn mit einem garantiert fröhlich machenden Lebensmittelladen. Fertig ist die perfekte Glücksmischung für eine gesunde Lebensweise. Körper, Geist und Seele fühlen sich wie im Urlaub. Die honigsüße Schicht Wohlbefinden legt sich am Ende ganz wie von selbst darüber. Dieses Rezept ist im Bio-Supermarkt „Naturata“ spielend leicht umzusetzen. Und die Geschäfte – sie sind aus einem Familienbetrieb heraus entstanden – gibt es nur in Köln und Siegburg. Hier kümmert man sich persönlich um den Kunden. Bereits von außen sieht man die vielen plaudernden Gäste im dazugehörigen hellen Bio-Bistro. Auf einer Schiefertafel steht das Gericht des Tages: Sandwich mit hausgemachter Erdnusspaste. Man gönnt sich noch ein knuspriges Bio-Brötchen aus der hauseigenen Bäckerei und startet dann gut gestärkt die Einkaufsrunde. Tatsächlich ist das in dem schönen Laden mit ganz viel Holz keine lästige Pflicht, sondern reine Wonne. Hier drängelt auch keiner. Dieser Einkauf beschert einem eine wohltuende Auszeit, dennoch geht man seinen Alltagspflichten nach – mit dem lecker würzigen Geruch von Erdnusssauce in der Nase. Alles ist aufgebaut wie in einem „echten“ Supermarkt, es fehlt wirklich nichts. Im Gegenteil – man sieht Waren, welche nicht überall zu bekommen sind. Besonders bei Tee. Es gibt außerdem frische Molkereiprodukte, das knackig bunte Gemüse kommt nur aus dem Umland. Backzutaten, Wurstwaren und alles für den täglichen Bedarf gibt es bei „Naturata“ ebenfalls. Über 7.000 Produkte werden angeboten. Dieser Bio-Supermarkt – bereits 1982 gegründet – gehört zu den größten seiner Art. Es gibt nicht nur gesunde Lebensmittel, sondern auch eine eigene Abteilung für Kleidung, Spielzeug und Kosmetik, quasi ein Geschäft im Geschäft. Und wer einmal die süße Kinderkleidung aus Baumwolle gesehen hat, mag gar nicht mehr gehen. Vielleicht doch noch auf einen Besuch im Bistro, denn da wird gerade ein neues Gericht auf die Tafel geschrieben.

TIPP

Glücksbote: Ab 30 Euro Bestellwert werden die Waren in Köln und Umgobung auch ausgeliefert

Naturata, Krebsgasse 5-11, 50667 Köln
www.naturata-koeln.de

ÖPNV: Stadtbahn 1, 3, 4, 7, 9, 16, 18, Bus 136, 146, Haltestelle Neumarkt

NATURATA

Mit Rollen zum Glück

67 *Die Yoga-Schule „Schildkröte" in Frechen*

Man liegt in absoluter Dankbarkeit auf einer weichen Lammfellmatte und hat die Augen selig geschlossen. Die Beine bewegen sich ganz sanft auf einer großen und sehr angenehmen Gummirolle hin und her. Nie mehr möchte man diesen himmlischsten aller Glücksorte verlassen. Die Teilnehmer werden heute sprichwörtlich überrollt vom Glück – und das in der Yogaschule „Schildkröte". Das Ganze heißt Faszien-Training (Faszien sind die Weichteil-Komponente des Bindegewebes). Die erfahrenen Yogalehrerinnen Barbara Rose und Ute Plaar passen gut auf, dass man keine falschen Bewegungen macht oder sich überanstrengt. Die Übungen erinnern ein bisschen an das Ausrollen von Teig. Man bringt ihn in Form, streicht darüber, drückt immer mal wieder nach. Mal zart, mal etwas kräftiger, zupft liebevoll hier und dort und investiert Kraft und Energie, denn am Ende soll dabei ja ein Kunstwerk herauskommen. Heute allerdings werden keine Plätzchen gebacken. Wir selbst, unser Körper, sind das wertvolle Kunstwerk und wir werden mit ganz viel Ruhe die Verspannungen lösen. Mit diesen großen und kleinen Rollen aus besonderem Kunststoff oder auch kleinen Bällen, mit denen man hart gewordene Stellen im Gewebe kreisend bearbeitet. Viele kennen die kleinen Knubbel, die sich über Jahre angesammelt haben und die sich gerne im Schulterbereich ansiedeln und zu Kopfschmerzen führen können, weil diese Stellen eben nicht mehr richtig ernährt werden. Diese winzigen, oft steinharten Übeltäter lösen sich hier im Kurs durch regelmäßiges Faszienrollen ganz wunderbar in Luft auf. Allerdings muss man selbst richtig mitarbeiten und kommt leicht ins Schwitzen. Man sitzt im Schneidersitz an eine Wand gelehnt und bewegt eine Rolle, die wie ein Knochen geformt ist, zwischen Wand und Schultern hin und her. Das Gefühl, wenn sich das hart gewordene Gewebe lockert, ist unbeschreiblich. Wir schnurren wie eine Katze. Gibt es für das Wort „Glück" eigentlich noch eine Steigerung? Miau …

TIPP

Alle Kurse basieren auf den neuesten Erkenntnissen der Sportmedizin.

Haus der Schildkröte, Breite Straße 20–22, 50226 Frechen
www.yoga-schildkroete.de
ÖPNV: Stadtbahn 7, Haltestelle Frechen Kirche

Erste Sahne aus zweiter Hand

68 *Secondhand für Mutter und Kind in Braunsfeld*

Man würde sich so gerne mal wieder ein ausgefallenes Kleid gönnen. Keines für jeden Tag, sondern eins, das alle umhaut. Für den ganz großen Auftritt. Doch die Kinder brauchen neue Stiefel, es ist gerade erst Monatsmitte, und so muss der Traum (wieder einmal) warten. Wie schade. Doch an der Aachener Straße in Braunsfeld gibt es nicht nur einen, sondern gleich zwei Glücksorte nebeneinander. Und diese beiden Geschäfte lösen das Kleiderproblem mit links. „DeJaVie" und „Kinderkram" bieten alles, was man sich unter Mode aus zweiter Hand nur vorstellen kann. Nämlich ganz tolle und oft fast neue Stücke. Und das für Mutter und Kind zusammen. Die reizende Inhaberin bietet sogar an, dass man sich um die lieben Kleinen kümmert, damit Mama in Ruhe etwas anprobieren kann. Derweil sucht die ebenso hilfsbereite Kollegin „nebenan" im Kindergeschäft aus dem großen Bekleidungsangebot schon einmal eine warme Mütze und Jacke heraus. Das geht hier ganz flink und unaufgeregt. Beide Geschäfte stehen im engen Austausch miteinander. Nur die gestreiften Markisen der Läden unterscheiden sich farblich, die eine in heiterem Grün, die andere in leuchtendem Rot. Bei diesem Shopping-Glück bleibt vor allem für die Erwachsenen kein Wunsch offen. Frau wird hier nicht nur ein neues Lieblingskleid finden, sondern sich nicht entscheiden können: Soll es das dunkelblaue aus Samt sein oder doch lieber der Klassiker in Schwarz? Am Ende werden einfach beide Kleider gekauft und noch eine schicke Handtasche dazu. Ein Unikat, das sonst garantiert keiner hat. Die ausgefallenen und eleganten Stücke bei „DeJaVie" sehen aus wie neu und sind garantiert nicht von der Stange. Und da die Kinder so brav waren, geht es auch noch in die Spielzeugecke bei „Kinderkam". Hier gibt es Bilderbücher, Puzzles, Kinder-DVDs und Kuscheltiere. Keiner sieht, dass die Sachen schon ein erstes Leben hinter sich haben und sich nun auf neue Besitzer freuen. Wer hätte gedacht, dass für den perfekten Stadtbummel schon zwei Läden reichen?

TIPP

Noch mehr Glück: Die warme Jacke gleich im Lindenthaler Tierpark einweihen

DeJaVie und Kinderkram, Aachener Straße 504–506, 50933 Köln

ÖPNV: Stadtbahn 1, Haltestelle Clarenbachstift oder Eupener Straße

Den Römern sei Dank

69 *Pure Entspannung in der Claudius Therme*

Schwimmen an sich ist ja eine gute und gesunde Angelegenheit, wenn da nur nicht die Sache mit dem Reingehen ins kalte Wasser wäre. Von einem Sprung sind wir meilenweit entfernt. Bis zum Bauch ist es ja noch ok, aber sobald die Schultern ins Spiel kommen, kostet es ganz schön Überwindung. Besucht man jedoch die „Claudius Therme“, dann ist dies eigentlich der schönste Moment, das Sahnehäubchen, die Traumsequenz, die jetzt beginnt. Wenn die Schultern endlich eintauchen in das wärmende und heilende Wasser und man innerhalb von Sekunden schwerelos auf dem Rücken treibt. Man lässt alles los, die Muskeln lockern sich so, als wären sie aus fließendem Lavendelöl. Im warmen Strudel einer natürlichen Thermal-Mineralquelle, die mit richtigem Heilwasser versorgt wird. Im durchschnittlich 33 bis 37 Grad warmen Wasser lässt es sich aushalten – und das gerne für immer. Schon die Römer hatten öffentliche Thermen. Sicher etwas rustikaler, aber das Prinzip war schon vor Jahrhunderten klar: Sole, Salz + warmes Wasser = unendliches Glück. Körper und Geist befinden sich hier im Rheinpark in himmlischem Ausnahmezustand. Die Becken um den zentralen Pool sind halbmondförmig und damit harmonisch angelegt. Treppchen verbinden die Ebenen, Fliesen schimmern in Gold und Türkis (die Farben von 4711 gehören in Köln einfach dazu). Man kann jederzeit von innen nach außen schwimmen, findet wohlige Düsen, die den Rücken massieren oder den Nacken verwöhnen. Es gibt Orthopäden, die überzeugt sind, dass ein Besuch im Thermalbad in seiner Wirkung einer Spritze gegen leichte Verspannungen gleicht. Hier in der Anlage umschmeichelt die Besucher Unterwassermusik, und es wird mit beruhigenden Farb- und Klangreflexen gearbeitet. Auch Wassergymnastik steht auf dem Wohlfühlprogramm, eine der effektivsten Sportarten überhaupt, da durch den Wasserwiderstand deutlich mehr Muskeln aktiviert werden, dafür aber ganz sanft. Und wir sind sicher, dass es auch einen Glücksmuskel gibt. Der wurde heute ganz besonders stark beansprucht.

TIPP Glücksfall: Hier einen Kurs für Wassergymnastik buchen. Wird von Krankenkassen gefördert

Claudius Therme, Sachsenbergstraße 1, 50679 Köln
www.claudius-therme.de

ÖPNV: Bus 150, 250, 260, Haltestelle Thermalbad

Bunte Häuserwelten

70 *Die Bahnstraße in Weiden*

In kaum einer Straße in Köln gibt es mehr denkmalgeschützte Häuser als in der Bahnstraße in Weiden. Man hört irgendwann auf, sie zu zählen, und ist einfach überwältigt. Und damit ist diese Gegend ein echter Glücksort-Geheimtipp. Kleine, bauliche Kunstwerke mit meistens zwei oder drei Stockwerken und oft in bunten Farben gestrichen, die perfekt aufeinander abgestimmt erscheinen. Dabei ist dies keine Siedlung, die am Reißbrett entworfen wurde, sondern ein Ort, der einfach nur schön ist. Eine gewachsene Struktur und Gemeinschaft von Häusern, die schon eine ganze Menge erlebt und überlebt haben. Mit verwunschenen grünen Gärten drum herum und ganz vielen alten Bäumen. Wer hier wohl schon alles so gelebt hat? Überall ist viel zierlicher Altbauschnörkel zu finden, der in Köln ja leider eher selten ist. Hier aber scheint die Zeit einfach stehen geblieben. In den angrenzenden Straßen sieht die Stadt gleich ganz anders aus. In der Bahnstraße indes startet eine historische Zeitreise – sie könnte auch spielend als Kulisse für einen Kostüm-Film dienen –, und doch ist sie ein zentraler Ort in unmittelbarer Nähe zum Autobahnkreuz oder der S-Bahnhaltestelle Lövenich. Zudem gibt es hier zwischen den Altbauten auch richtig nette Lokale, solche, die vielleicht nicht ständig in trendigen Stadtmagazinen erwähnt werden. Allerdings sollte man diese neue Lieblingsstraße am besten zu Fuß erkunden und gar nicht erst mit dem Auto hierherkommen. So fühlt man sich nicht als Besucher, sondern bekommt ein schönes Gefühl für diese lebendige und gelebte Gegend und stellt sich vor, wie es wäre, wenn man hier mit der ganzen Familie ein altes Haus renoviert. Ganz wichtig: Man darf nicht vergessen, dass auch an Glücksorten Menschen wohnen, und die will man ja nicht stören. Daher bitte nirgendwo klingeln, sondern die Häuser mit respektvollem Abstand genießen. Denn sonst könnten die Bewohner eines Tages noch auf die Idee kommen, Eintritt für die Bahnstraße zu nehmen. Verdient hätte sie es auf jeden Fall.

TIPP

„La Tasca" in Weiden hat das beste Steak in Köln.

Bahnstraße, 50858 Köln
ÖPNV: Stadtbahn 1, Haltestelle Bahnstraße

Jetzt sind die Ameisen dran

71 *Ein Besuch im Kölner Zoo*

Man hat sich diesmal ganz fest vorgenommen, im Kölner Zoo nicht nur die Elefanten zu bestaunen. Natürlich ist deren Nachwuchs zum Knuddeln, doch die putzigen Rüsseltiere bekommen schon so viel Aufmerksamkeit. Warum nicht einmal die Blattschneiderameisen beehren. Die haben es ehrlich und aufrichtig verdient, denn sie strengen sich so sehr an, damit es ihrer Königin gut geht. Bis zu 150 Millionen Eier legt sie im Laufe ihres fleißigen Ameisenlebens. Tief beeindruckt und deutlich schlauer setzt man seine Runde im Kölner Zoo fort. Was für ein tierisch schöner Tag. Die einzelnen Artenbereiche und Gehege sind harmonisch miteinander verbunden, wie zum Beispiel das berühmte Regen- und Urwaldhaus oder das Zuhause der heiß geliebten Affen. Bei jeder Runde tauchen neue Zoobewohner auf. Und meist können sich die Besucher nicht vom Nachwuchs im Miniformat trennen. Die kleinen Erdmännchen mögen verzeihen, dass man sie zuerst für Tierkinder gehalten hat, denn vor lauter Freude und Wissensdurst bringt der Zoogast schon einmal etwas durcheinander. Dieser Tierpark ist einfach besonders, auch, weil er mitten an ein Wohngebiet grenzt und nicht draußen auf der grünen Wiese beheimatet ist. Mensch und Tier leben hier Tür an Tür, Fenster an Fenster friedlich beisammen. Und vertragen sich. So wie man das von Daktari und Flipper kennt. Und das ganze 365 Tage im Jahr. Also gut, dann doch noch rasch zum Elefantenpark – die Ameisen werden das sicher verstehen. Unsere Lieblingsdickhäuter sind vollzählig draußen versammelt. Bald steht wieder die Geburt eines Jungtiers an, das von allen Kölnern schon sehnsüchtig erwartet wird. Diesen Tieren geht es hier richtig gut in ihrer kleinen Welt. Sie werden von der Herde beschützt und willkommen geheißen. Tätärötä – mit noch winzigem Rüssel. Die Zoobesucher sehen es als Geschenk, daran teilhaben zu dürfen. Sie müssen nur versprechen, auch noch die fleißigen Ameisenbären zu besuchen. Denn die haben auch nach Kassenschluss noch längst nicht Feierabend.

TIPP Im Parkhaus stimmen Tierwegweiser auf den Besuch ein. Auch die Bimmelbahn fährt hiorhor.

Zoologischer Garten Köln, Riehler Straße 173, 50735 Köln
www.koelnerzoo.de
ÖPNV: Stadtbahn 18, Bus 140, Haltestelle Zoo/Flora

Länger nicht im
Zoo gewesen?
Entdecke, wie
es wirklich ist.
KÖLNER ZOO

72 *Das Frechener Terrassenfreibad*

Es gibt Menschen, die gehen in der Freibadsaison jeden Morgen um sieben Uhr zum Schwimmen, ins noch sehr kalte Wasser wohlgemerkt. Sie sagen stolz: „Danach ist der Tag dein Freund." Wir nicken voller Ehrfurcht. Aber ganz ehrlich: Ein Aufenthalt im Freibad lässt sich durchaus anders gestalten, irgendwie fröhlicher und vor allem wärmer. Dabei denkt man sofort an das historische Terrassenfreibad mitten im Wald in Frechen. An einem schönen Sommernachmittag und gerne mit einem großen Eis oder einer Portion Pommes auf der Hand. Der Rücken ist bereits eingecremt, und man liegt gemütlich auf der Decke. Bei Bedarf spenden alte und verwunschene Bäume Schatten, und ein ganz leichter Wind weht. Die Freizeit-Geräusche hier machen glücklich. Plätscherndes Wasser, spielende Kinder, alle haben einfach nur Spaß. Die Umgebung ist ruhig, das Terrassenfreibad ist komplett von Natur umgeben. Seit über fünfzig Jahren gibt es dieses Schwimmbad. Seine Architektur macht es so besonders. Von den alten Terrassenstufen hat man einen wunderbaren Rundumblick auf die Anlage, kann sich einfach nur ausruhen oder darauf nach dem Schwimmen eine Pause machen. Es ist ein natürlich gewachsener Ort, gar nicht weit von der Stadt entfernt, und doch ist man „komplett aus allem raus". Man muss sich einmal vorstellen, wie viele Kilometer hier bereits geschwommen wurden und wie viele Kinder das Schwimmen gelernt haben. Was war dabei wohl die kälteste und welche die wärmste Wassertemperatur? Heute finden regelmäßig 50-Stunden-Schwimmen statt. Und manchmal ist das Bad sogar um Mitternacht geöffnet – für die ganz Furchtlosen, die sicher auch nicht so schnell frieren. Wenn die Sonne weg ist, kann man das Badetuch ja auch zusammenrollen und sich einfach auf den nächsten Besuch freuen. Auf dem Nachhauseweg, barfuß, die Haare noch leicht nass, begleiten einen das heitere Durcheinander und die Kinderstimmen vom Schwimmbecken noch ein ganzes Stück. Man kann sich von diesem Glücksort eben nicht so leicht trennen.

Terrassenfreibad Frechen, Hans-Schaeven-Weg, 50226 Frechen
ÖPNV: Bus 145, Haltestelle Freiheitsring

ATTENTION !

Dat Wasser vun Kölle …

73 *Der 4711-Brunnen in der Glockengasse*

Es ist praktisch unmöglich, diesen Glücksort nicht zu finden. Selbst mit verbundenen Augen oder einer stark verschnupften Nase erriechen wir ihn spielend – und das ganz in der Nähe des Doms. Dieser Duft ist seit 1792 so markant, dass er nie kopiert werden konnte. Bis heute handelt es sich beim Kölnisch Wasser von 4711 um ein Geheimrezept, das auch kaum verändert wurde. In der Glockengasse 4 in der Innenstadt geht man fast verschwenderisch mit dem duftenden „Wunderwasser" um, schließlich gehört einem die Formel. Hier im sogenannten Dufthaus fließt es rund um die Uhr stilvoll aus einem goldenen Brunnen, der sich gut sichtbar im Laden befindet. Ganz versonnen steht man vor diesem Glücksort, hat den Brunnen noch nicht berührt und duftet schon nach Kölnisch Wasser – es liegt hier einfach in der Luft. So roch unsere Kindheit. Das beruhigende Plätschern lässt uns an früher denken. Welche Mutter, Tante oder Oma hatte nicht mindestens einen dieser türkis-goldenen Flakons im Bad stehen. Oder die praktischen Erfrischungstücher dieser Marke dabei. So muss Köln riechen, haben wir damals gedacht. Frisch wie ein Eiskristall und doch auch etwas herb – wie eine ganz besondere Großstadt eben riecht. Eine historische Ausstellung zur Geschichte von 4711 kann hier im „House of 4711" ebenfalls besichtigt werden. Und man erfährt, warum die Marke nach den berühmten Zahlen benannt wurde. Die Geschichte dahinter ist sogar auf einem edlen Teppich im Laden abgebildet. Die berühmten Zahlen finden sich übrigens auch in der Kuppel des Hauptbahnhofs. 4711 gehört eben zu Köln wie der Rhein und die Heinzelmännchen. Und eines von denen badet in einer kleinen, kupfernen Wanne in echtem Kölnisch Wasser direkt vor der Tür in der Glockengasse. Jetzt wissen wir endlich, was die kleinen Kerle den ganzen Tag so treiben. Und wer weiß, ob die Geschichte wirklich stimmt, dass die Heinzelmännchen aus Köln geflüchtet sind. Vielleicht liegen sie einfach nur wohlig in ihrer kleinen Badewanne in der Glockengasse.

TIPP Der Besuch der Ausstellung ist kostenlos. Es gibt Filme und historische Stücke zu sehen

Dufthaus 4711, Glockengasse 4, 50667 Köln
ÖPNV: Stadtbahn 3, 4, 16, 18, Haltestelle Appellhofplatz oder Neumarkt

4711

Es stört kein Rascheln

74 *Ein Abend im Autokino in Porz*

Vielleicht ein wichtiger Tipp vorab: Den Besuch im Autokino muss man anders planen als einen üblichen Kinoabend. Und unbedingt sollte man vorher klären, wer Fahrer und wer Beifahrer ist. Denn im Autokino sind oft mehr Fahrzeuge als auf der Autobahn unterwegs. Jeder von uns hat am Steuer schon gut gemeinte Ratschläge bekommen. Und es soll doch heute in erster Linie ein schöner und friedlicher Abend werden. Wenn dies alles erfolgreich verhandelt wurde, starten wir einen romantischen Abend im Autokino Köln-Porz. Fast jedes Fahrzeug darf in das Kino unter freiem Himmel einfahren. Gehört ein Bagger dazu? Am besten vorher an der Kasse fragen. Doch egal ob Babys, Hunde oder Meerschweinchen: Alles und jeder ist willkommen an diesem spektakulären Glücksort. So lange, bis das Gefährt voll ist. Nicht vergessen: Jeder sollte was sehen können. Wir sind richtig aufgeregt und werden gleich belohnt: Vor uns steht eine gigantische Leinwand. 15 Meter hoch und 36 Meter breit. So einen großen Fernseher hat garantiert niemand zu Hause. Eintausend Autos finden hier Platz. Und wir werden nicht gestört von raschelndem Popcorn. Jeder bleibt in seinen gemütlichen vier „Autowänden“ und erlebt ein kleines, aber charmantes Abenteuer, schließlich startet alles erst im Dunkeln. Die Filme hier werden das ganze Jahr über gezeigt. Und wer die warme Decke vergessen hat – im hauseigenen Shop kann eine sogar günstig erworben werden. Auch Heizlüfter werden verliehen. Aber man muss sich keine Sorgen machen: Sollte es das Wetter während einer Vorstellung mal gar nicht gut meinen, wird der Film wiederholt. Dann gibt es sogenannte Nebelkarten. Was wir in diesem Autokino so richtig mögen: Alle Filme werden grundsätzlich auf Deutsch gezeigt. So versteht man auch alles. Dieser Glücksort gefällt uns. Wir kuscheln uns gemütlich in den Autositz, fühlen uns sicher und geborgen und haben doch ein spannendes Date in einer Großstadt. Man müsste glatt mal fragen, ob der Eintritt hier auch in Pantoffeln erlaubt ist.

TIPP

Auf dem Gelände finden auch regelmäßig Trödel- und Wochenmärkte statt.

Autokino Köln Porz, Rudolf-Diesel-Straße 36, 51149 Köln
www.autokino-koeln.de

Himmlisch schlemmen

75 *Panoramablick aus dem Restaurant „Osman 30“*

Die Wolke sieben ist gar nicht so schwer zu erreichen, wie man glaubt. Sie schwebt ganz oft und lautlos über einem. Und im Herzen hat man sie eh ständig dabei. Für einen Intensivbesuch muss man lediglich einen Aufzug besteigen. Der ist so etwas wie die goldene Himmelsleiter. Jetzt bitte noch etwas Geduld haben und erst aussteigen, wenn ein kleines Glöckchen erklingt und die magische Zahl 30 im Fahrstuhl erscheint. Dann betritt man das himmlische Restaurant „Osman 30“ im Kölnturm des Mediaparks. Jeder hat ihn schon einmal gesehen, zumindest aus der Ferne. Den Gast erwartet dort ein Ausblick, der einem erst einmal ziemlich die Sprache verschlägt – besonders im Dunkeln. Wenn die tausend Lichter der Stadt in schönstem Glanz strahlen und Köln einem über hundert Meter tief zu Füßen liegt. Diesen Wohlfühlmoment mit Gänsehaut gibt es sonst nur im Flieger im Landeanflug auf die Domstadt. Im Inneren des Lokals sorgen Kerzen für zauberhaftes goldenes Licht. Die helle Einrichtung in diesem herrlichen Panoramarestaurant ist nun für einen ganzen Abend lang die persönliche Wolke sieben. Lange Tische bieten auch einer großen Runde genügend Platz. Oder für eine Feier. Falls die Besucher sich überhaupt auf eine Unterhaltung konzentrieren können, denn hinter den hohen Fenstern strahlen Sterne und Köln ja um die Wette. Und erzählen sich sicher die eine oder andere spannende Gute-Nacht-Geschichte. Übrigens gibt es an jedem Platz im Restaurant eine fantastische Sicht. Die Plätze in der Mitte des Raums sind leicht erhöht, und man entdeckt ständig etwas Neues. Die herrlich außergewöhnliche Küche mit mediterranen und lokalen Feinheiten sorgt für viele Überraschungen. Wie zum Beispiel Rinderfilet mit getrüffeltem Selleriepüree oder Schwarzfederhuhn mit Süßkartoffeln. Auf einem kleinen Wagen werden köstliche Vorspeisen und Desserts vorbeigerollt. Man möchte eigentlich alles probieren und dieses kleine Glücksgefährt mehr als einmal anhalten. Wieso fällt einem gerade jetzt die Zahl 30 ein?

Osman 30, Im Mediapark 8, 50670 Köln
www.osman-cologne.de
ÖPNV: Stadtbahn 12, 15, Haltestelle Christophstr./Mediapark

Allianz

Alles ohne Verpackung

76 *„Tante Olga“ in Klettenberg*

„Tante Olga“ will nur unser Bestes. Schließlich ist sie die Lieblingsverwandte. Und der erste Unverpackt-Laden in Köln. Und der tut einfach nur gut. Unserer Gesundheit durch Bio-Lebensmittel, dem Herzen und der Seele durch ein traumhaft schönes und helles Geschäft. Und natürlich der Umwelt, weil man seine Verpackungen selber mitbringt. Jedes private Behältnis wird gewogen und das Gewicht später beim Einkauf abgezogen. So geht Glück in Gramm. In diesem Shop wird nichts in Plastik verpackt, sondern gut durchdacht an den Kunden weitergereicht. Wie in der guten alten Zeit. Nur dass alles unglaublich modern, sauber und aufgeräumt ist. Perfekt aufgereihte Glaszylinder beherbergen Nudeln, Roggen oder Hafer. Alles wird abgezapft oder mit Schütten umgefüllt. Mehl kann an der Mehlbar sogar selbst gemahlen werden. Wer mag, kauft den Backpinsel ohne Kunststoff gleich dazu. Sogar loses Backpulver gibt es und jede Art von Gewürzen, in reiner und biologischer Form und eben ohne unzählige Tütchen drum herum. Für den Coffee to go bringt man den eigenen Lieblingsbecher mit. Und was bei Opa der solide Henkelmann war, gibt es bei „Tante Olga“ als silberne und glänzende Brotbüchse. So schön und vernünftig kann Alltag sein. Der helle Holztresen hier macht jede Nobelboutique neidisch und wäre die perfekte Requisite für „Wir Kinder aus Bullerbü“ gewesen. Die Inhaber Dinah, Gregor und natürlich Olga haben jedes Produkt selbst getestet, weil sie des ganzen Verpackungsmülls überdrüssig waren. Und sind uns damit ganz weit voraus. Zahnpasta gibt es hier in Form von kleinen praktischen Kugeln und Shampoo nur in fester Form als Seife, weil das Wasser in der Shampooflasche ja nur unnötig Platz wegnimmt. Eine herrliche Erleichterung für die nächste Reise. Man muss wirklich rein gar nichts entbehren, wenn man beim Kauf auf die Verpackung verzichtet. Sogar Büroartikel wie einen Trockentextmarker gibt es im Sortiment. Mit dem kann man ganz wunderbar unterstreichen, wie fröhlich ein solcher Einkauf macht.

TIPP Man kann tolle Stofftaschen im Laden kaufen. Unbedingt die Gummi-Bio-Cola-Fläschchen probieren.

Tante Olga, Berrenratherstraße 406, 50937 Köln
www.tante-olga.de
ÖPNV: Stadtbahn 13, Bus 130, Haltestelle Sülzgürtel

Wo man singt …

77 *Das Weihnachtssingen im Stadion*

Kurz vor Heiligabend nimmt sich der Weihnachtsmann nun immer frei. Er sei privat unterwegs, verkündet er den Rentieren: ein ganz wichtiger Termin im RheinEnergieStadion und für ihn fast noch schöner als der Heilige Abend selbst. Er singt nämlich mit 43.000 Kölnern zusammen Weihnachtslieder – und das aus voller Kehle und so richtig mit Herz. „Loos mer Weihnachtsleeder singe" ist besser als Geschenke, Zimtsterne und Festtagsbraten zusammen. Gemeinsam mit Künstlern wie Peter Brings, Henning Krautmacher oder Wolfgang Niedecken macht man hier im größten Wohnzimmer der Stadt gemeinsam Musik. Wo sonst der 1. FC Köln spielt, leuchten jetzt helle Sterne auf dem Rasen, und das Stadion strahlt bunter als jeder Weihnachtsbaum. Wer mag, bringt kleine Instrumente gleich selbst mit und begleitet die Menge. Eine Blockflöte oder Mundharmonika passt immer in die Jackentasche. Und das alles zu Liedern, die einem so unendlich vertraut sind wie die Tannenbaumspitze von Oma. Da wird geschmettert, was die Stimme hergibt: „O du fröhliche" oder „Ihr Kinderlein kommet". Das „Halleluja" klang noch nie so fantastisch wie auf Kölsch, als hätte man es immer schon geahnt. Besonders, wenn Peter Brings den Gänsehaut-Klassiker vorträgt: „Hal-le-lu-ja. Du häs ne leeve Minsch neven dir, alles jot im jetz un hier. Halleluja." Spätestens da vergießt jeder Besucher vorweihnachtliche Tränen. Und wenn Kerzen und Taschenlampen herausgeholt werden, muss das XXL-Taschentuch endgültig her. Bei diesem Mitmachkonzert ist es egal, ob man mit Singen sein Geld verdient oder die Töne nur zufällig trifft. Hier geht es um die Gemeinschaft und die große Weihnachtsfamilie. Die rund zwanzig Liedtexte gibt es bereits vorab. Und wer ganz sichergehen möchte, macht zu Hause schon mal ein paar Trockenübungen. Es lohnt sich, fest versprochen. Noch auf dem Nachhauseweg singen nämlich alle weiter. Und der Weihnachtsmann bietet im goldenen Schlitten eine Mitfahrgelegenheit an und trällert: „Freue, freue dich, o Christenheit!"

TIPP

Wichtig: Schon ganz früh um Karten bemühen. Jeder will mitsingen.

RheinEnergieStadion, Aachener Straße 999, 50933 Köln
Tickets unter: www.koelnticket.de, Tel. (02 21) 28 01
ÖPNV: Stadtbahn 1, Haltestelle Rheinenergiestadion